AF315489

CATALOGUE

D'UNE BELLE COLLECTION

DE

LETTRES AUTOGRAPHES

Manuscrits, Documents historiques, etc.

Provenant de plusieurs Cabinets

DONT LA VENTE AURA LIEU

LE JEUDI **15** AVRIL **1858** ET JOURS SUIVANTS

à **7** heures du soir

RUE DES BONS-ENFANTS, 28, MAISON SILVESTRE

Salle n° 4

PAR LE MINISTÈRE

DE M° PERROT, COMMISSAIRE-PRISEUR

quai des Augustins, 55

ASSISTÉ DE M. LAVERDET, EXPERT

chargé de la vente

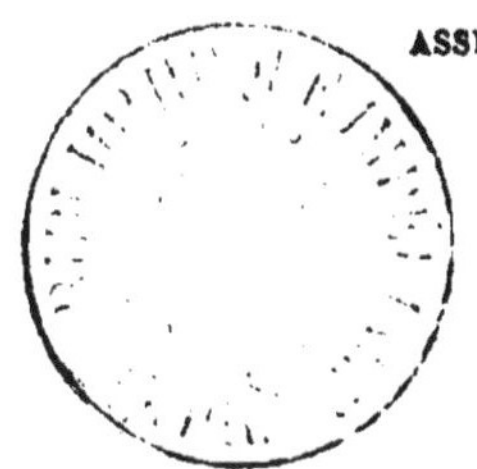

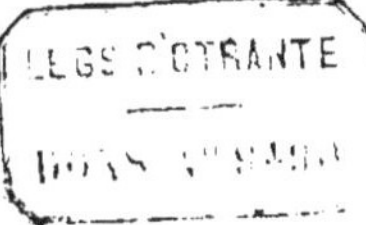

———◆◉◆———

Ce Catalogue se distribue

A PARIS

CHEZ LAVERDET, expert en autographes

RUE SAINT-LAZARE, 24

—

1858

ORDRE DES VACATIONS.

Première Vacation . . . . . — Jeudi 15 avril 1858.
Du nº 1 au nº 165.

Deuxième Vacation . . . . . — Vendredi 16 avril.
Du nº 166 au nº 330.

Troisième Vacation . . . . . — Samedi 17 avril.
Du nº 331 au nº 495.

Quatrième Vacation . . . . . — Lundi 19 avril.
Du nº 496 au nº 660.

Cinquième Vacation . . . . — Mardi 20 avril.
Du nº 661 au nº 815.

Il y aura chaque jour de vente, de une heure à trois, exposition des pièces qui seront vendues le soir.

Les acquéreurs payeront 5 pour 100 en sus du prix d'adjudication applicables aux frais.

On aura huit jours pour la vérification des pièces ; passé ce délai, aucune réclamation ne sera admise.

M. LAVERDET, chargé de la vente, recevra les commissions qui lui seront adressées (*les lettres doivent être affranchies*). Il est chez lui de une heure à quatre, les dimanches et fêtes exceptés, et du 15 avril au 15 octobre, les mercredis et samedis seulement.

EN DISTRIBUTION :

Catalogue de Lettres Autographes, *Manuscrits*, *Documents historiques*, etc. (avec prix), d'Auguste Laverdet, à Paris, rue Saint-Lazare, 24. Ce Catalogue mensuel (dont il a déjà paru treize numéros) est envoyé franc de port aux personnes qui en font la demande par lettre affranchie.

Avis. — Ayant acquis les *défets*, ou parties restantes des volumes incomplets de l'*Isographie des hommes célèbres* (Collection de fac-simile de lettres autographes et de signatures dont les originaux se trouvent à la Bibliothèque Impériale, aux Archives de l'Empire, à celles des différents ministères du département de la Seine, et dans les collections particulières; publiée par MM. Bérard, marquis de Châteaugiron, Duchesne aîné, conservateur à la Bibliothèque Impériale, Trémisot et Berthier. Paris, 1840. 4 vol. in-4), chaque lettre, ou fac-simile séparé, sera vendu au prix de *vingt-cinq centimes*.

Paris. — Typographie de Gaittet et Cie, rue Gît-le-Cœur, 7.

CATALOGUE

DE

LETTRES AUTOGRAPHES.

⸺⸻◦●◦⸻⸺

PREMIÈRE VACATION.

Jeudi 15 avril 1858. — Nᵒˢ 1 à 165.

1. **ABD'-EL-HAMID-BEY** (Louis *Du Couret* HADJI-), pélerin de La Mecque, voyageur dans l'intérieur de l'Afrique. Son voyage dans l'*Arabie heureuse* est en cours de publication dans le *Siècle*, par Alexandre Dumas.
L. a. s., à M. Stuber. Paris, 13 septembre 1848. Demi-page in-8.
ACHMED-FHETI PACHA, ambassadeur de la Sublime Porte, depuis ministre du commerce, et président du Conseil de justice.
L. aut. sig., à M. Gaspari de Belleval. Paris, 3 février 1835. 1 page in-4.

2. **ABD'-EL-KADER** (l'Émir).
L. aut. sig. (en arabe). 1 page in-8. Cachet. Avec la traduction, en français, de la lettre et du cachet.

3. **ABRANTES** (Mme la duchesse d'), auteur de *Mémoires*.
L. aut. sig., au prince Kozloffski. 2 pages in-4.
Curieuse lettre sur sa réponse à M. de Chateaubriand, au sujet de son absurde brochure dans laquelle il dit que jamais nous n'avions eu plus de liberté que sous la Restauration.
TASTU (Mme Amable), poëte. L. aut. sig. 1 page et demie in-8.
DUCHAMBGE (Mme), compositeur de romances. L. a. s. 2 p. in-8.

4. **ABRANTES** (Mme la duchesse d'). *La même.*
1º L. aut. sig., à M... 3 p. pl. in-4. — 2º L. aut. sig., à M. Francolin. Versailles, 18 juillet. 2 p. in-8.

5. **ABRANTES** (Mme la duchesse d'). *La même.*
L. aut. sig., à Madame..... 1 p. in-4.
ABRANTÈS (Joséphine Junot d'), femme Hamelin, romancière. L. aut., 2 p. in-8, et billet aut. sig. — ABRANTÈS (Constance Junot d'), femme *Aubert*, femme de lettres, journaliste. L. aut. sig. 1 p. in-8.

6. **ACADÉMIE FRANÇAISE.** *Institut* (membres de l').
AMPÈRE (A.). 1834. 2 p. in-4. — ANCELOT. 1843. 1 p. in-4. — AUBERT DU PETIT-THOUARS. 1 p. in-8. — AUGER. 1 p. in-8. — BALLANCHE. 3 p. in-18. — BAOUR-LORMIAN. 1 p. in-18. — BECQUEREL. 2 p. in-4. — Ensemble, sept lett. aut. sig.

7. **ACADÉMIE FRANÇAISE.** *Institut* (membres de l').
BARANTE. 1842. 1 p. in-18. — BEUDANT. 1846. 1 p. in-4. — BIOT. 1834. 1 p. in-4. — BORY DE SAINT-VINCENT. 1833. 2 p. in-4. — CAMPENON. 1 p. in-4. — CHANORIER. An VII. 2 p. in-4. — CHAPTAL. An IX. 1 p. in-4. — Ensemble, sept lett. aut. sig.

8. ACADEMIE FRANÇAISE. *Institut* (membres de l').

DAUNOU. 1839. 1 p. in-4. — DE GÉRANDO. 1 p. in-8. — DOMER-GUE (Urbain). An X. 1 p. in-8. — DROZ (Joseph). 1 p. in-8. — DU-TROCHET. 1835. 1 p. in-4. — ÉTIENNE. 1836. 2 p. in-4. — FONTANES. 1 p. in-4. — Ensemble, sept lett. aut. sig.

9. ACADEMIE FRANÇAISE. *Institut* (membres de l').

GUIRAUD (Alex.). — HACHETTE. 1831. — JOUY. *Le Rosier et le Figuier*, fable aut. sig. 1 p. in-8, et fragment dramatique aut. (en vers). 1 p. pl. in-4. — LACÉPÈDE. Deux lett. 1 p. in-4 et 1 p. in-fol. — LAYA. 1821. 1 p. in-4. — LEMERCIER (Népomucène). 1836. 1 p. et demie in-4. — MÉRIMÉE. — ROGER. — Ensemble, neuf lett. aut. sig., et une pièce aut.

10. ACADEMICIENS, *membres de l'Institut*, etc.

Vingt-six lett. aut. et aut. sig., dont : Barthe, Broglie, Barante, Gasparin, de Gérando, Guizot, Jaubert, Jomard, Julien (Stanislas), Karr (Alphonse), Kératry, Lajard, Lamartine, Lucas (Charles), Morel de Vindé, Salvandy, etc.

11. ACTEURS. Quatorze lett. et pièces aut. sig.

ARNAL. 1 p. in-8, et sept quitt. aut. sig. de Feux. — ARMAND. 1833. — BEAUVALET. — BOCAGE. — DAVID. — JOANNY. 1 p. in-4. — LAFON.

12. ACTEURS. Dix lett. et billets aut. sig. et sig.

LEMAITRE (Frédéric). 1842. — LEPEINTRE, jeune. 1840. 1 p. in-8, et trois Feux aut. sig. — LIGIER. — LOCKROY. — MARTIN. — MICHELOT. 1841. — MONNIER (Henri). — ODRY. Quitt. sig. 1855.

13. ACTEURS. Sept lett. aut. sig., et une pièce aut.

PROVOST. — RAVRIO. 1809. — RÉGNIER. — SAMSON. 1845. — TISSERANT. — THÉNARD (P.) 1820. 2 p. in-4. — VERNET. 1834. — MARGAT, aéronaute. Relation de son voyage aérien en partant du Champ-de-Mars. 1 p. pl. et demie in-4.

14. ACTRICES. Sept lett. et pièces sig., et une aut.

ANAIS AUBERT. Deux lett. — DÉJAZET. 1845. — GEORGE WEIMER. Billet aut. — MARS. — MINETTE. Deux lett. — GUIMARD. *Compliments de clôture du théâtre de Mlle Guimard dans sa maison de Pantin* (en partie en vers), par Armand fils, concierge de l'hôtel des comédiens. 1770. 1 p. in-4. Aut. sig. 1770. 3 gr. p. in-4.

15. ACTON, ministre de Naples, favori de la reine.

L. aut. sig., à M.... Caserte, 5 février 1797. 1 p. in-4.

16. ADAM (Adolphe), compositeur, membre de l'Institut.

L. aut. sig., à Madame Damoreau. 15 déc. 1832. 1 p. pl. in-4.

17. ADAM (Sigisbert), statuaire.

L. aut. sig., à Mgr... Rome, 3 juillet 1732. 3 p. in-4.

Il va se rendre à ses ordres, faire encaisser toutes ses études, et mettre ordre à ses petites affaires. « Pour ce qui regarde Monseigneur le cardinal de « Polignac, je croy que je le satisferé en restoran ses statue egalement à Paris « comme icy. jesper partir sette otonne ou plutot si je peut selon que votre « grandeur le souhetera..... »

18. ADELUNG (Frédéric), savant philologue.

L. aut. sig. (en allemand), à M... Saint-Pétersbourg, 10 déc. 1828. 2 gr. p. in-4.

19. AÉRONAUTES. Trois lett. aut. sig.

GARNERIN (Mlle Elisa). Billet aut. sig. 1 p. in-18.

GARNERIN aîné, père de la précédente. L. aut. sig., signée aussi par sa fille. Paris, 3 août 1822. 4 gr. p. pl. in-fol.

Projet de donner des courses de chevaux au Champ-de-Mars, avec des courses de char et autres, et projet de spectacles d'agriculture pour les départements, etc.

Kirsch, aéronaute allemand. L. aut. sig. (en français), au comte
Krosnowski. Le Mans, 28 octobre 1843. 2 p. pl. in-4. Détails sur sa vie.

20. **AFFAIRE DU COLLIER.** Trois pièces.

1° L. sig., de Launay, gouverneur de la Bastille, à M. de Sartine.
De la Bastille, 11 janvier 1786. 1 p. in-fol.

Il lui rend compte de la signification du décret qui a été faite à M. le cardinal
de Rohan à midi et demie...... M. Titon, commissaire du Parlement, accom-
pagné du sr Fremyn, greffier, a commencé à près de six heures l'interrogatoire
qui a duré jusqu'à huit heures et demie. — Nombre de visites admises et re-
tranchées.

2° Visites reçues par M. le cardinal de Rohan les 10 et 11 janvier
1786. 2 p. in-4. (Ces deux pièces sont annoncées dans la lettre qui
précède.)

21. **AFFRE (Denis), archevêque de Paris.**   M. 1848.

L. aut. sig., à M. le comte Molé. Paris, 9 janvier 1844. 1 p. in-4.

22. **AIGUILLON (le duc d'), gouverneur de Bretagne.**

L. aut. sig., à Mgr... Paris, 29 mars 1755. 4 p. in-4.
Curieux détails politiques et intimes.

23. **AIGUILLON (le duc d'), gouverneur de Bretagne.**

1° L. aut. sig., à M... Lannion, 2 juillet 1759. 4 p. in-4.
2° L. aut. sig., au même. Lannion, le 21 juillet 1759. 4 p. in-4.

24. **ALAIS (le chevalier d'), commandant à Cayenne.**

L. aut. sig., au maréchal de Castries. Cayenne, 12 décembre 1786.
4 gr. p. pl. in-fol.
Exposé de sa conduite et de sa situation dans son commandement.

25. **ALEXANDRE Ier, empereur de Russie.**

1° Rescrit sig. (en Russe), et contresigné : *Basile Panine*, au prince
Kozloffski, son ministre à la Cour de Sardaigne. Saint-Pétersbourg,
25 janvier 1812. 1 p. in-fol. avec sceau.
Nomination du prince à l'Ordre de Saint-Vladimir, 4e classe.

2° Traduction (en Français) des lettres de recréances du prince
Kozloffski. Saint-Pétersbourg, 30 janvier 1819. 2 p. in-fol.

26. **ALIBAUD, régicide.**   Mis à mort en 1836.

Reçu signé, de trente-huit copies numérotées du supplément aux
procès-verbaux, et dispositions extraites de la procédure le concernant. 7 juillet 1836. 1/2 p. in-4.

Launay, dernier gouverneur de la Bastille. L. aut. sig., à Mgr...
La Bastille, le 9 mars 1786. 1 p. in-fol.

27. **ALLARD, général français au service du roi de Lahore.**

Deux lett. aut. sig. (deux écritures différentes). 2 p. in-8 et in-4.
Yusuf, célèbre général des spahis. L. sig. 2 p. in-8.
Lelièvre, commandant du fort de Mazagran. L. aut. sig. 1 p. in-8.

28. **ALLEMANDS. Littérateurs, philologues, etc.**

Anders (G.-E). — Boerne (Louis). 1834. — Doring. 1829. 1 p.
in-4. — Menzel. 1834. 1 p. in-4. (avec une copie en allemand). —
Oken. 1835. 3 p. pl. in-8. — Pestalozzi (le chevalier de). 1772. 1 p.
in-4. — Pestalozzi (J.-H.). Deux lignes aut. sig. — Zschokke (H.).
1831. p. in-4. Trexler; 4 p. aut. in-8. — Ensemble huit lett. aut.
sig. (7 en allemand). — Guiciardini (le comte Ferdinand), historien.
1818. 1 p. in-4, en italien.

29. **ALPHONSE VI DE BRAGANCE, dit l'*Impuissant*, roi
de Portugal en 1664, détrôné en 1667, mort en 1683.**

Il avait épousé la princesse de Savoie-Nemours.

L. sig. *Rey* (en portugais), au prince de Turenne. 1664. 1 p. in-fol.
Cachet.

30. **ALVIMAR** (Louis, comte d'), lieutenant-général, peintre, littérateur.

1° L. aut. sig., au comte de Montalivet. Paris, 8 mars 1833. 1 gr. p. pl. in-fol. — 2° L. aut. sig., au Roi. Paris, 5 mars 1833. 3 gr. p. pl. 1/2 gr. in-fol.

Curieuse lettre au sujet de la promesse d'un emploi important qui lui avait été faite, et de plusieurs de ses tableaux qu'il désire lui faire présenter dans une des salles du Louvre, etc.

3° Notice des tableaux, et des aquarelles du général, que le jury a refusés pour l'exposition du Musée royal. Imprimé de 23 p. in-12. — De l'analogie qui existe entre la peinture et la poésie, par le général d'Alvimar. 1833. Imprimé de 28 p. in-8.

31. **AMIRAUX FRANÇAIS.** Six lett. aut. sig.

Baudin (Charles). 1834. 2 p. in-4. — Baudin (Fr.). An XIII. 1 p. in-4. — Bazoche. 1850. — Bouvet. 1813. 2 p. in-4. — Cuverville (le chevalier de). Quitt. aut. sig. 1780. 1 p. in-4. — Duperré. 1830. 1 p. in-4.

32. **AMIRAUX FRANÇAIS.** Six lett. aut. sig.

Du Petit-Thouars (A.). 1850. 1 p. in-8. — Entrecasteaux. 1788. 1 p. 1/2 in-4. — Ganteaume. An XII. 2 p. in-4. — Halgan. 1842. 1 p. in-4. — Hugon. 1 p. in-8. — Kersaint. 1787. 2 p. in-4.

33. **AMIRAUX FRANÇAIS.** Sept lett. aut. sig.

La Crosse. An XII. 1 p. in-fol. — La Galissonnière. 1747. 1 p. in-fol. — Mackau. 1824. 3 p. in-4. — Rigny. 1831. 1 p. in-4. — Truguet. An V. 2 p. in-4. — Verhuel. 1811. 3 p. in-4.

34. **AMIRAUX FRANÇAIS.** 1 lett. sig, et 7 lett. aut. sig.

Bouvet. An XII. 1 p. in-4 — Brueys. L. sig. An VI. 2 p. 1/2 in-4. — Duperré. 1 p. in-8. — Ganteaume. 1 p. in-fol. — La Galissonnière. 1755. 1 p. in-8. — Mackau. 1 p. in-8. — Richery. 1779. 1 p. in-4. — Truguet. 1834. 1 p. in-8.

35. **AMIRAUX FRANÇAIS,** préfets maritimes, etc.

Trente pièces sig., aut., et aut sig., in-8, in-4 et in-fol.

36. **AMOROS** (le colonel don Francisco), fondateur de la gymnastique en France.   N. 1770. M. 1848.

L. aut. sig., à M. Oudard, secrétaire de la reine des Français. Paris, 5 juin 1833. 3 gr. p. pl. in-4. — Plus, un billet de 3 lignes aut.., et la copie certifiée conforme, d'une lettre de M. Thiers à lui adressée. Portr. gravé in-4.

Par suite du retranchement qui lui est fait de la subvention de la maison du Roi, et du Ministre du Commerce et des Travaux publics (M. Thiers), il est dans un embarras terrible, et la prospérité de son établissement est tout à fait compromise.

37. **ANCONE** (reddition d'), en 1832, au colonel Combes.

1° Capitulation de la garnison de la ville d'Ancône, signée par le commandant Rupoli et le colonel Combes. Forteresse d'Ancône, le 23 février 1832, à midi. 3 p. in-4.

2° L. sig. du colonel Combes, adressée à l'ambassadeur de France à Rome, comte de Saint-Aulaire, au sujet d'un événement imprévu qui les menace d'un grand malheur. Ancône, 25 février 1832, 1 gr. p. pl. in-4.

3° L. aut. sig. du général Cubières (dégradé pour concussions, et gracié par Napoléon III), au colonel Combes, commandant la place d'Ancône. Ancône, 5 mars. 1 p. in-4.

Au sujet des mesures de police à prendre au théâtre pour le bal qui va y avoir lieu.

38. **ANDRIEUX,** membre de l'Académie française.

Cinq lett. aut. sig., adressées à divers, de 1821 à 1830. Ensemble, 8 p. in-4.

39. ANGLAIS (hommes d'État, guerriers, littérateurs, etc.).
BROUGHAM. L. aut. sig. 2 p. in-8. — BULWER (Henry). L. aut. sig.
1 p. in-8. — CLAVERING (Thomas). L. aut. sig. 1825. 1 p. in-8. —
DICKENS. L. aut. sig. 1 p. in-8. — GRANVILLE (A.-B.). L. aut. sig.
1816. 3 p. pl. in-4. Curieuse, et lett. sig. 1836, 2 p. in-fol. —
HUSKISSON. L. sig. 3 p. in-4. — PEEL (Robert). Billet aut. sig. (à
la 3e personne). 1836. 1 p. in-12. — RAGLAN (Fitz-Roy Somerset,
lord). L. sig. 1827. 1 p. in-4. — SMITH (Horace). Billet aut. sig.
1 p. in-18. — SPENCER STANHOPE. L. aut. sig. 1813. 3 p. in-4.

40. ANGOULEME (Marie-Thérèse-Charlotte de France, duchesse d'), fille de Louis XVI.
Sa silhouette à sa sortie de la prison du Temple (collée sur un
cartouche gravé). In-8. Pièce du temps.

41. ANGOULEME (Dominique Lacombe, évêque d').
Discours ou exposé pour les réparations de l'orgue de sa cathé-
drale, son administration temporelle, etc., adressé aux fabriciens.
Angoulême, 15 avril 1822. 11 gr. p. in-fol. sig. Cachet.

42. ANQUETIL DUPERRON, célèbre orientaliste.
L. aut. sig., à Mgr... Paris, 1er avril 1780. 4 p. in-4.
Lettre intéressante au sujet des réclamations de son frère consul, à Surate...
Il ose, parce qu'il est question de son frère, lui représenter que c'est peut-être
le temps d'éclairer le ministère anglais sur le despotisme que la Compagnie
exerce dans l'Inde. « Ne respecter ni droit des gens, ni propriété, violer sans
« scrupules à la face de l'univers, les loix de la justice, de l'humanité, ne con-
« sulter dans des opérations qui intéressent tous les peuples, même ceux de
« l'Europe avec lesquels ils sont liés par les traités, ne consulter dans ces opé-
« rations qu'une avidité de marchands, chez qui la soif de l'or étouffe tout
« sentiment d'humanité..... »

43. ANTIOCHE (Joseph, fils de Pierre [sans doute de saint
Pierre, apôtre], patriarche d').
L. aut. sig. (en arabe), à M. Etienne Pariset, secrétaire de l'Académie de Médecine de Paris, connu par son dévouement pour les pesti-
férés d'Egypte où il s'était rendu avec tant d'empressement. De la
montagne du Liban, le 15 du mois d'*ab* (août 1837). 1 p. in-4. La
traduction a été faite sur le verso par M. Jouannin, père, directeur
de l'Ecole des langues orientales, à Paris, etc. Intéressante.

44. ANTIQUAIRES, ARCHEOLOGUES, etc. 9 lett. aut. sig.
DU SOMMERARD, fondateur du Musée de Cluny. Trois lett. aut. sig.
3 p. in-18. — ELOI JOHANNEAU. 1824. 1 p. in-8. — LUYNES (le duc
de). 2 lett. 1843 et 1845. 3 pages in-8 et in-4. — MEYRICK (sir Samuel).
1845. 3 p. in-12. — MILLIN (A.-L. Aubin). Deux lett. An VII et
1815. 2 p. in-4.

45. ANTOMARCHI (le docteur), dernier médecin de l'Empereur Napoléon à Sainte-Hélène.
L. aut. sig. (en italien), à M. Holmes. Longwood (Ile Sainte-Hélène),
18 juillet 1820. 1 p. pl. in-4.

46. ARAGO (François), astronome.
L. sig., à M. de Marivault. Paris, 13 sept. 1831. 1 p. in-4.
ARAGO (Jacques), voyageur. 1o Billet aut. sig. — 2o L. aut. sig.
(au crayon, étant aveugle). 1 p. in-4., et lett. sig. 2 p. in-8.
ARAGO (Emmanuel). Deux lett. aut. sig. 2 p. in-12.

47. ARCHEVEQUE (l') **DE PARIS, ET LA PANTOMIME
DE DOROTHEE.**
L. aut. sig. de Suard à M. le lieutenant-général de police, au sujet
de la pantomime de Dorothée dont il a été le censeur, et dont M. l'archevêque de Paris veut faire supprimer la représentation, sous pré-

texte qu'elle tend à *ridiculiser la religion, en ridiculisant ses ministres.*
Paris, 9 janvier, 1787. 3 gr. p. in-fol.
Explication de cette pièce qui n'a point la portée que Mgr l'Archevêque lui attribue. Curieux document.

48. ARCHITECTES. Neuf lett. aut. sig.
BALTARD. 1818. 1 p. in-4. — BALTARD (Victor). 1839. — BRONGNIART. 1780. 2 p. in-4. — CHALGRIN. 1771. 1 p. in-fol. — CICOGNARA (le marquis). L. aut. sig. (en italien, à la 3e personne). — DEBRET. Deux lett. 1830 et 1844. 2 p. in-8. — FONTAINE, an X. — GUÉNEPIN.

49. ARCHITECTES. Six lett. aut. sig.
HITTORF. — HEURTAULT. 1814. 2 p. in-4. — LABROUSTE. — LE CLERC. — MAUPIN. Saint-Cloud, 3 juillet 1791. 3 p. in-fol. — VISCONTI. 1839. 1 p. in-4.

50. ARGOUZINS (les officiers du corps des).
Lett. sig. par six des argouzins de la France, au nom de tout le corps, adressée à M. le marquis de Seignelay, ministre secrétaire d'Etat. 1 p. in-fol. en travers. Curieuse pièce.

51. ARMAGNAC (le cardinal d').
Pièce sig. (en latin, sur parchemin). 1581. Fortement mouillée, et déchirure en tête, enlevant la fin de cinq lignes.

52. ARMEE. Maréchaux, généraux.
BARAGUAY-D'HILLIERS. L. aut. sig. 2 p. in-4. — LAPOYPE. L. aut. sig. 1 p. in-4, et lett. sig. An II. 2 p. demie in-fol. Très-curieuse. — LOBAU. L. et pièce sig. et lett. sig. de la maréchale LOBAU. — MONTHOLON. Note aut., et Mmes de Sémonville, 2 pièces. — BROSSARD. — VILLARET DE JOYEUSE (l'amiral). 2 lett. sig. 5 p. in-fol., et *Villaret de Joyeuse*, fils, général. L. aut. sig. 1 p. in-4.

53. ARNAULD (Antoine), célèbre avocat au Parlement de Paris, auteur de plaidoyers contre les Jésuites.
L. aut. sig., à M. le duc de Bouillon, maréchal de France. Andilly, 10 août 1610. 1 p. in-fol. — Plus, minute d'une requête du duc de Bouillon. 1 p. in-fol.

54. ARNAULD (Catherine *Marion*), fille de Marion, avocat général, femme d'Antoine Arnauld, avocat au Parlement, mère de vingt-deux enfants (Antoine, Robert, Henri, Marie-Angélique, etc.). Morte religieuse de Port-Royal. Elle avait pris l'habit des mains de l'abbesse Marie-Angélique, sa fille.
Quittance (très-longuement motivée), de la somme de quatorze cents livres reçue de madame la duchesse de Bouillon. Paris, 13 juillet 1623. Gr. p. pl. in-fol.

55. ARNAULT (Antoine-Vincent), auteur dramatique.
L. aut. sig., à M. de Grave. Ville-d'Avray, 16 juillet 1813. 3 p. in-4.
ARNAULT (Lucien-Emile), fils du précédent, auteur dramatique. L. aut. sig., au citoyen Valory. Saint-Cyr. An IV. 2 p. pl. in-4. Curieuse lettre d'un collégien à son camarade.
BONALD (le vicomte de). 1°. L. aut. sig., à M. Amette. 1822. 2 p. in-4. — 2°. Minute aut. sig. d'une lettre adressée à Charles Nodier. 3 p. in-4.

56. ARNOULD (Sophie), célèbre cantatrice de l'Opéra.
L. a. s., à M. Boutin. Ce mardi matin, 13 janvier. 2 p. pl in-4. Curieuse lettre au sujet d'un emprunt de quatre à cinq mille livres qu'elle veut lui faire.

57. ARNOULD (Sophie), célèbre cantatrice de l'Opéra.
Acte de vente approuvé et signé de la vente de sa maison de Clichy-la-Garenne. Paris, 24 mars 1791. 4 gr. p. in-fol.

58. ARPAJON (Mme de Noailles, comtesse de Mouchy d'), condamnée à mort par le tribunal révolutionnaire en 1794.

Deux lett. aut. sig. Versailles et Compiègne. 1771. 2 p. in-4.

59. ARRIGHI (Jean-Thomas), duc de Padoue, allié à la famille Bonaparte, conventionnel, général (expédition d'Égypte). N. 1778. M. 1853.

L. aut. sig., au citoyen Arrighi. Ancenis, 5 frimaire, an XII. 2 p. et demie in-4. Cachet. — Billet aut. sig. — Pièce sig. 1812. 1 p. in-fol. PADOUE (N. de Montesquiou Fezensac, duchesse de), femme du précédent. L. aut. 2 p. in-8. — MONTESQUIOU-FEZENSAC (Henri, comte de), père de la précédente. L. aut. sig. 1818. 2 p. in-4. — THAYER (N. Arrighi de Padoue, Mme Édouard). L. aut. sig. 1 p. in-8.

60. ASTRONOMES, *Géographes.* 11 lett. aut. sig.

PINGRÉ. Cadix, 27 nov. 1771. 1 p. et demie in-4. — LA JUMELIÈRE. 1 p. in-8. — BALBI (Armand). Deux lett. 1807 et 1811. 3 p. in-4. — BALBI (Adrien). 3 lett. 3 p. in-8. — CASSINI DE THURY. 1 p. in-4. Cachet. — DEPPING. 1828. 2 p. in-8. — CHANLAIRE. 2 p. in-4. — ROBERT DE VAUGONDY. Quitt. aut. sig. 1785.

61. AUBERT DU BAYET (le général), ambassadeur à Constantinople, ministre de la guerre.

1º. L. aut. sig., au ministre. Paris, 5 nivôse an IV. 1 p. in-4.
2º. L. aut. sig., au citoyen Verninac, envoyé extraordinaire de la République française près la Porte Ottomane. De Sebenech (Turquie), 16 vendémiaire an IV. 3 gr. p. in-fol. Tête imprimée. Jolie vignette. Belle lettre.

62. AUCKLAND (lord), gouverneur des Indes orientales.

1º. L. aut. sig., en français, au commandant Jourdain, à Chandernagor. Calcutta, 11 octobre 1840. 1 p. in-4.
2º. Fin de lettre aut. sig. (en anglais). 1 p. pl. in-4.
MINTO (Lord). L. aut. sig. (en anglais). 1840. 1 p. in-8.

63. AUGUSTE, prince de Prusse.

L. sig., à M. Gide. Berlin, 11 mars 1837. 1 p. in-4. Cachet.
AUGUSTE, princesse de Prusse. L. aut. sig., à l'impératrice. .... Monza, le 9 septembre 1806. 2 p. in-4. Papier gauffré. Jolie lettre.

64. AUMONT (le duc d'), premier gentilhomme du roi.

L. aut. sig., ou rapport au roi. 6 juillet 1827. 1 gr. p. pl. et demie in-fol.
Pièce intéressante sur la situation financière de l'Opéra-Comique depuis 1824, et les prétentions des acteurs pour ressaisir la direction de ce théâtre.
LA FERTÉ (le baron de), intendant des théâtres royaux. L. aut. sig., au duc d'Aumont. Paris, 18 octobre 1823. 4 gr. p. in-fol.
Relative au théâtre de l'Opéra-Comique.

65. AUTEURS DRAMATIQUES. 8 lett. aut. sig.

BEFFROY DE REIGNY, dit le cousin Jacques. — BÉRARD. 1827. — CHARLEMAGNE (Armand). Cession. An VIII. — COURCY. 1834. — DUMAS (Adolphe) — D'ENNERY. — DURIEU (Eug.). — LECLERC (Th.).

66. AUTEURS DRAMATIQUES. 10 lett. aut. sig.

MAZÈRES (Ed.). 1838. — MÉLESVILLE. — MERLE. Deux lett. — MERVILLE-PEILLON (Félix). — PLANARD. 1831. — POMPIGNY. 1817. — SAUVAGE (Élie). — SCRIBE (Eugène).

67. AUTEURS DRAMATIQUES ANGLAIS. 7 lett. aut. sig. (en anglais), 4 *portr.* (dessins et charges à la plume), et 1 portr. gravé.

BALL (Will.) Relative à ses traductions de *Joconde* et des *Visi-*

tandines. 2 p. in-4. *Portr.* — BERNARD (W. Bayle). 2 p. et demie, in-8. *Portr.* — CROSS. 1808. 1 p. in-4. *Portr.* — FITZEALL (Ed.). 1841. 1 p. in-8. — HERAUD (J.-A.), chef de l'école *syncrétique*. 1844. 1 p. in-12. — MACFARREN (J.-J.). 2 p. in-8. *Portr.* — TAYLOR (John), à Elliston. *Portr.* gravé. Curieuse. Toutes ces lettres sont théâtrales.

68. AVARAY (le duc d'), ami de Louis XVIII.
Trois lettres aut. sig. 1777, 1791 et 1813. 3 p. in-8 et in-4.

69. BAILLY (Jean-Silvain), célèbre astronome, maire de Paris, constituant.   N. 1736. Mis à mort en 1794.
1°. L. sig., à MM. du directoire de Corbeil. Paris, 21 janvier 1791. 2 p. in-fol.
2°. Brevet signé sur parchemin, de commandant de bataillon de la garde nationale parisienne, pour la commune de Belleville, sig. aussi par le général La Fayette. Paris, 25 février 1790. Cachet.

70. BAILLY (Jean-Silvain). *Le même*.
L. aut. sig., à M... Paris, 11 janvier 1788. 2 p. in-4.

71. BALLANCHE (Pierre-Simon), philosophe, littérateur, membre de l'Académie française.
L. aut. sig., au rédacteur de *la Presse*. 1 p. in-4.
M. Henri Berthoud a construit de toutes pièces une sorte de légende sur Jacquard. Il lui eût été facile, s'il l'eût voulu, de faire une biographie exacte. Jacquard a été obscur avant d'être célèbre : c'est ce qui est arrivé à de grands artistes et à de grands écrivains. « Je l'ai connu dans le temps de son obscu-
« rité : j'ai vu naître en quelque sorte sous mes yeux, le merveilleux métier qui
« porte son nom, et qui maintenant est si généralement adopté dans l'ancien
« et dans le nouveau monde. Je puis vous dire, monsieur, que ni le premier
« Consul, ni les Anglais, n'ont été pour rien dans la renommée de Jacquard... »

72. BALZAC (Honoré de), célèbre romancier.   M. 1850.
L. aut. sig. de ses initiales, à M. Plon. Une p. pl. et demie in-8.
Au sujet de l'impression de *La femme supérieure*.

73. BALZAC (Honoré de). *Le même*.
1°. Adresse de 4 lignes aut. sig.
2°. L. aut. sig., à Mlle Sophie K.... 10 mars. 4 p. pl. in-8.
Explication et arrangement pour la première représentation de *Quinola*.

74. BANQUE D'ANGLETERRE (fabrication de faux billets de la). Moyen de ruiner cette Banque.
1°. *Mémoire secret* envoyé à des membres du comité du salut public, sur les moyens à employer pour ruiner la Banque d'Angleterre. Manuscrit de 3 gr. p. pl. et quart in-fol. On y lit:
« .... Toute l'Europe sait que le gouvernement anglois a autorisé et favorisé
« la fabrication et la distribution des faux assignats, il y a à Londres plusieurs
« bureaux où l'on vend des faux assignats aussi publiquement que du papier
« timbré, ce qui prouve bien la complicité du gouvernement anglois. C'est un
« nommé Warne, célèbre graveur anglois, qui a fait par ordre de lord Greenville,
« les premières planches des faux assignats, que les Anglois ont répandus dans
« tous les pays étrangers, et qu'ils ont introduits en France par tous les
« moyens possibles. Ils en ont fait fabriquer quelques millions dans le Piémont,
« avec des planches envoyées d'Angleterre, et pour vaincre les scrupules du
« roi de Sardaigne, qui ne vouloit pas le permettre, l'on s'adressa au pape, qui
« décida que les assignats ne devoient être regardés que comme des estampes,
« et qu'en conséquence, il n'y avoit point de mal de les contrefaire. La puis-
« sance de l'Angleterre, sa considération politique et l'étendue de son com-
« merce n'étant fondés que sur les ressources immenses qu'elle trouve dans le
« crédit de sa banque; l'Europe doit être bien étonnée que la France n'ait pas
« usé de représailles envers les Anglois, et qu'elle n'ait pas travaillé à leur ôter
« les moyens de soudoyer toutes les puissances coalisées, en discréditant leur
« propre papier monnoie, comme ils ont discrédité le nôtre et celui des Amé-
« ricains..... » Suivent les détails des moyens à employer pour ces représailles.
2° Manuscrit de 4 p. in-4. Au sujet du mémoire qui précède. Il y est dit que le nommé Hatwey est venu pour ce projet, que Couthon le fit

enfermer, et qu'il resta vingt-six mois sans voir personne. Nouvelles considérations sur l'opportunité de contrefaire les billets de la Banque d'Angleterre, etc. etc.

3º. L. sig. du ministre des finances Ramel, au ministre des relations extérieures. Paris, 25 germinal an IV. 1 p. in-4.
Au sujet de l'importance que met le Directoire exécutif à une opération à faire sur la Banque de Londres....

75. BARBÈS (Armand), représentant du peuple à l'Assemblée nationale de 1848.
L. aut. sig., à Emm. Arago, avocat. La Conciergerie, 17 juin 1839. Demi-p. in-4.
MARTIN (Antide), condamné politique (Lyon). L. aut. sig., à Etienne Arago. 18 juillet 1838. 1 p. in-4.

76. BARMOND (l'abbé de), confesseur de Louis XVIII.
Pièce aut. sig. Vienne, 7 décembre 1 p. pl. in-4.
Notice intéressante sur la mort de Mme la comtesse de Polignac.

77. BARNAVE, célèbre orateur de l'Assemblée constituante.
L. sig., à M. Challan, procureur général syndic de Seine-et-Oise. Paris, 25 octobre 1790. 1 p. in-fol.

78. BART (Jean), capitaine de vaisseau, fils du célèbre Jean Bart.
1º. Deux lett. sig., à M.... Dunkerque, 15 et 22 sept. 1756. (Incomplètes de la fin des lignes du recto, toutes les pages ayant été coupées).
2º. Attestation sig. Dunkerque, 28 oct. 1757. 1 p. in-4.

79. BATISTE (Jean-Mathieu), chanteur et sociétaire du théâtre de l'Opéra-Comique.   N. 1779. M. 1848.
L. aut. sig., à M. de Montalivet. Paris, 1er sept. 1834. 2 p. in-fol.

80. BAUDRAND (le lieutenant-général du génie, comte), gouverneur du comte de Paris.   M. 1848.
1º. Notes aut., extraites de la tactique de Guibert. 3 gr. p. pl. in-fol.
2º. Extrait de la science de l'ingénieur sur la poussée des voûtes. Bélidor, chapitres 1er et 2me, livre second. 4 gr. p. pl. et demie aut. gr. in-folio.

81. BAUSSET (le cardinal H.-François de), historien de Bossuet et de Fénelon, membre de l'Académie française.
Six lett. aut. sig. de 1778. Ensemble, 7 p. in-4.

82. BAUSSET (Fr. de), préfet du Palais Impérial.
L. aut. sig., à M. le président du Corps législatif. Paris, 21 mars 1809. 1 p. et demie in-4.

83. BEAUHARNAIS (Alexandre de), premier mari de l'impératrice Joséphine.   Mis à mort en 1794.
L. aut. sig., à M. de Saint-Paul. Paris, 5 mars 1791. 1 p. in-4.
BEAUHARNAIS (le comte de). Trois lett. aut. sig. datées de Rochefort, 1756. Aux Roches Beauharnais, 1769, et de Rochefort, 1776. 1 p. in-4 et 2 p in-fol.

84. BEAUHARNAIS (Fanny, comtesse de), poëte.
1º. L. aut. sig., à M. Noël, notaire. 2 p. in-8. Cachet.
2º. Le Confiteor. Réponse au Credo de M. d'Etampes par Mme Fanny de Beauharnais. Pièce de vers avec une correction aut. 3 gr. p. in-fol.

85. BEAUHARNAIS (Fanny, comtesse de), poëte.
Cinq lett. dont trois signées, et quatre lett. de divers à elle adressées, ou la concernant. Ensemble, 12 p. in-8 et in-4.

86. BEAUMARCHAIS (Caron de), littérateur, auteur de *la Folle journée* ou le *Mariage de Figaro.*

L. aut., à Mme la baronne de Burmane, à Paris. Samedi 10 juillet. 3 p. pl. in-4. Cachet.

Lettre singulière au sujet de la réclamation qu'elle lui fait de son portrait. Plaintes amères sur ses incroyables duretés envers lui, après les preuves de tendresses qu'elle lui a données. Il en a le cœur percé....

87. BEAUMARCHAIS (Caron de). *Le même.*

L. aut. (minute), à M. Lambert, controleur général. 22 mars 1790. 1 p. in-4. En partie tachée par l'humidité.

88. BEAUTERNE (chevalier A. Fouin de), littérateur mystique.

L. aut. sig., à M. Théod. Fortin d'Ivry. 1837. 2 p. in-8.

Beltrami, voyageur. L. a. s. Paris, 23 juillet 1819. 1 p. pl. in-4.

89. BEAUVAU (de), évêque de Nantes.

L. aut. sig., à M. .... Nantes, 8 août 1813. 2 p. in-4.

Demande de lettres patentes pour l'hôpital de Paimbeuf.

90. BELGES (hommes politiques), sénateurs, députés, etc.

Birillet-Latour. L. a. s. 1850. 2 p. in-8. — Hooghvort (le baron Joseph). L. a. 1823. 1 p. in-8. — Potter (Ed. de). L. a. s. 1817. 1 p. in-4. — Mérode-Westerloo (G.-Ch.-Guislain, comte de). Deux lett. a. s. 1813. 1 p. in-8, et 1 p. in-4. et bail signé. — Stassart (le baron de). L. a. s. 1829. 2 p., et demie in-4. Intéressante. — Mérode-Westerloo (Mme la comtesse de). L. a. s. 1838. 1 p. et demie in-4.

91. BELLOC (J.-H.), peintre d'histoire et de portraits.

L. a. s., à M. le vicomte .... Paris, 17 mars 1825. 2 gr. p. in-fol.

Demande d'une pension justifiée par les travaux qu'il a exécutés, et les ouvrages de littérature et de morale de sa femme.

92. BELMONTET, poëte, auteur des *Tristes,* etc.

Aux Belges. Ode. Par un patriote. 10 juillet 1831. 5 gr. p. pl. et demie aut. in-fol. Curieuse pièce.

93. BELZONI (Giov. Battista), acrobate du cirque d'Astley à Londres, de 1804 à 1812. Plus tard célèbre voyageur en Egypte.

L. aut. sig. (en italien), à son père. Au Grand Caire, 4 nov. 1815. 1 gr. p. pl. in-fol. Belle lettre.

Relative à sa santé, et à celle de sa femme, affectée par le climat. Son projet de départ pour Jérusalem, etc.

94. BERANGER, notre poëte national.

L. aut. sig., à Mme Brissot-Thivars. 1852. 1 p. in-8.

Balzac (Honoré de), célèbre romancier. L. aut. sig. 1837. 1 p. in-8.

95. BERANGER, notre poëte national.

L. aut. sig., à Mlle Elise Moreau. Passy, 10 avril 1833. 2 gr. p. pl. in-4. (Un peu fatiguée.)

Il la remercie de l'épître qu'elle lui a adressée au sujet de sa dernière publication. Quoi! sa muse si jeune et si brillante est sortie d'une école de village! Sans doute, elle n'a point acquis encore tout son développement; mais pareille fleur promet les plus beaux fruits, c'est l'élévation et la noblesse des sentiments. La patrie et l'humanité trouvent en elle un organe que sans doute elles prendront un jour plaisir à applaudir. « Ne croyez pas, Mademoiselle, que je veuille « faire avec vous un échange de louanges. Vous exaltez trop mon talent; vous « croyez à ma gloire, comme je voudrais y croire moi-même; mais ces erreurs « de votre esprit tiennent à la sympathie de nos affections. C'est ce que j'ai « chanté qui vous fait croire que j'ai chanté bien; il est de votre âge de se faire « de ces heureuses illusions. Le mien, Mademoiselle, me met à l'abri de ces « séductions..... etc., etc.

96. **BERNOULLI** (Jean), mathématicien, memb. de l'Acad. des Sciences de Paris, de Londres, etc. N. 1667. M. 1748.

L. aut. sig., à M. .... Bâle, 30 sept. 1736. 1 gr. p. in-4. Scientifique. Intéressante.

97. **BERRI** (Marie-Caroline de Bourbon, duchesse de), mère de M. le duc de Bordeaux.

L. aut. sig., à M. Hennequin. Brandéis, 22 décembre 1831. 1 p. in-8.

98. **BERRI** (Mme la duchesse de). *La même.*

Deux lignes et demie aut. Commande de ruban.

DEUTZ (Fragment incomplet sur), le vendeur de Mme la duchesse de Berri. — SAINT-PRIEST (le général Louis-Ant.-Em. de Guignard, Vte de), l'un des accusés dans l'affaire du *Carlo-Alberto.* Billet aut. sig. — CAUMONT (le général Cte de). L. aut. sig., au roi Louis-Philippe. 15 sept. 1830. 1 p. in-fol. Au sujet de la pension de 3000 fr. qu'il recevait de Mme la duchesse de Berri.

BARTHÉLEMY, préfet de Saône-et-Loire. Pièce sig., au sujet de l'expédition de Mme la duchesse de Berri en Vendée en 1832. Macon, 19 février 1835. 1 p. in-fol.

99. **BERTHIER** (Alexandre), prince de Neufchâtel.

1°. Deux pièces sig., dont une avec une grande et belle vignette gravée. An V et an XII. 2 p. in-fol.

2°. L. aut. sig., à Mme Bonaparte (Joséphine Beauharnais). Tolentino, 29 pluviôse an V. 2 gr. p. et quart in-4.

« Enfin j'espère que dans la journée la paix sera signée avec le St Père, et « d'une manière digne de tout ce que fait Bonaparte. Oui, vous possédez le cœur « de l'homme qui sera le plus grand, non-seulement de son siècle, mais de tous « ceux passés. Il est à croire que demain nous retournerons sur Bologne.... Je « vous ai envoyé hier soir un courrier dont le seul objet est d'avoir de vos nou- « velles. Elles nous sont chères à tous. — Croyez à l'amitié que vous savez « si bien inspirer.... Je suis de vos amis le plus vrai, et je vous le répète, je « vous préviendrois si votre mari avait des tors avec vous. — Mais il en est « bien loin, jamais vous ne pouvés trouver un homme plus attaché.... »

100. **BERTIN** (le chevalier Antoine de), poète érotique, capitaine de cavalerie, ami de Parny. N. 1752. M. 1790.

L. aut. sig., à M. .... Du château de Marly, le 23 septembre 1786. 2 p. in-4. *Rare* (malheureusement coupée du haut en bas de la marge extérieure du recto. La fin de toutes les lignes de la première page a été touchée par les ciseaux, mais la lettre peut être lue entièrement).

Au sujet d'un arrêt du Conseil en ordre d'exécution qu'il a fait passer au sceau, et qui doit arriver à Saint-Domingue avant la fin de novembre. « C'est le mo- « ment des récoltes, et il est essentiel que M. Delagourgues ait la certitude et « la liberté d'en employer le produit en achapt de negres, sans lesquels il ne « peut en recueillir les fruits actuels, ni augmenter la valeur de ses terres.... »

101. **BERTON** (le général), condamné à mort en 1822.

L. aut. sig., à M. de Violaine. Paris, 13 janvier 1817. 2 p. in-4.

102. **BERTON** (André-Montan), compositeur dramatique, membre de l'Institut.

L'ordonnance des Mousquetaires, chant mousquetaire, dédié à Messieurs les mousquetaires. Paroles et musique aut. sig. 2 p. in-fol.

103. **BERTRAND** (le général) grand maréchal du Palais de l'empereur Napoléon.

L. a. s., à Madame Letitia. Londres, 10 septembre 1821. 1 p. in-8.

Le docteur Antomarchi qu'elle avait envoyé à Sainte-Hélène comme chirurgien de l'Empereur lui a donné ses soins jusqu'à ses derniers moments. « Il « fera connaitre à Votre Altesse tous les détails qu'elle pourra désirer sur la « maladie de son fils, quelques tristes qu'ils puissent être; peut-être votre dou- « leur se plaira à les entendre.... »

BERNADOTTE, maréchal de l'Empire, puis roi de Suède. L. aut. sig., au citoyen Talleyrand. Paris, 29 ventôse an XI. 1 p. in-8.

BERTHIER (le maréchal Alexandre), prince de Neufchâtel. Billet aut. sig. Ostende, 7 floréal an XII. 2 p. in-18.

104. BERTRAND (le général), grand maréchal du Palais.
1º L. aut. sig., à M. Moret. Valladolid, 15 janvier 1809. 1/2 p. in-4.
1º L. aut. sig., à M. Barthe. 24 sept. 1832. 2 p. in-4.

105. BETHUNE—*Sully*, etc. (famille de).
Quatorze lett. et pièces sig. et aut. sig. de membres de ces familles, ducs, marquis, comtes, dames, abbesses, etc. in-8 et in-4.

106. BEYLE (Henri), sous le pseudonyme de *Stendahl*, auteur de la *Vie de Rossini*, etc.
1º L. aut. sig. : *H. Beyle*, au marquis de Custine. 1833. 1 p. in-8.
2º L. aut. sig. : *Caumartin*, à M. de Ste-Barbe. 1 p. in-8.
3º L. aut., à M. de Balzac. 1 p. in-8.

107. BEZOUT (Etienne), célèbre mathématicien.
Pièce aut. sur les études des Aides de Port. 1 p. in-fol. (Brest, Rochefort).

108. BIBLIOGRAPHES, *imprimeurs, libraires.* 8 lett. aut. sig.
BARBIER. An XII. 1 p. in-4. — CHEVALIER (Auguste), bibliothécaire de Fontainebleau. 4 p. in-8. Curieuse. — DE BURE aîné J.-J.), 1822. — D'ESBIEY, chanoine de l'Eglise de Bordeaux. 1781. 2 p. in-4. — NAUDET. 2 lett. — NÉE DE LA ROCHELLE. — TOUQUET.

109. BILLAUD-VARENNES, conventionnel.
1º Ampliation sig., d'un décret de la Convention nationale. 1793. 2 p. in-fol.
2º Arrêté aut. sig., au sujet des ports du Havre-Marat, de Honfleur et de Barfleur... Port Màlo, an II. 1 p. in-4. Cachet. Le commencement de toutes les premières lignes de la marge intérieure a été enlevé aux ciseaux.

110. BLANC (Louis), historien de la Révolution.
Article aut. sig. (la signature a été biffée), sur la tyrannie de Robespierre, au sujet de la brochure que vient de publier Armand Carrel. 6 gr. p. pl. et quart in-fol.

111. BLANCHARD (Nicolas), célèbre aéronaute.
L. aut. sig., à M. Bareaux de Puzy, préfet du Rhône. Saint-Pierre, 10 pluviôse an XII. 1 p. pl. in-4. Curieuse.
Plus, huit pièces manuscrites sur les premières expériences aérostatiques en France, extraites des journaux, etc. Ensemble, 40 pages in-4 et in-fol.

112. BLANQUET DU CHAYLA, vice-amiral de la flotte d'Egypte.
L. aut. sig., au citoyen sénateur... Versailles, 9 germinal an XII. 3 gr. p. in-4. Curieuse.
DECRÈS, ministre de la marine. L. aut. sig. 25 fructidor... 1/2 p. in-4.

113. BOIVIN (Louis), l'aîné, savant chronologiste, memb. de l'Acad. des inscript. et belles-lettres. N. 1689. M. 1724.
Notes aut. détachées et en marge d'un exemplaire de la *Table chronologique générale de l'Histoire de la Bible*, par Dom Calmet, 48 pages in-fol.; ainsi que le fait connaître une annotation autographe de ce savant bénédictin. Ces notes forment un supplément utile à la table de Dom Calmet. Le synchronisme de plusieurs événements importants de l'histoire ancienne y est indiqué. Les notes détachées sont au nombre de douze, sur feuilles in-fol., in-4 et *minera forma*.

114. BONAPARTE (Mme Letitia), mère de Napoléon Ier.
L. sig., au citoyen Decrès. An XI. 1/2 p. in-4.
BONAPARTE (Caroline), reine de Naples. L. sig. 1819. 2 p. in-8.

BONAPARTE (Julie), reine d'Espagne. L. sig. 1809. 1 p. in-4.
BONAPARTE (Elisa), princesse Bacciochi. L. sig. 1842. 1/2 p. in-4.
MARIE-LOUISE, impératrice des Français. Pièce sig. (incomplète),
sur parch.

115. BONAPARTE, comme capitaine au 4e régiment d'artil- 22. fo
lerie.

Lett. sig. *Buonaparte, hotel des patriotes Hollandois. Rue Royale
St.-Roche*, au ministre de la marine Monge. Paris, le 29 aoust.. La
marge extérieure a été coupée et les premières lettres ont été atteintes,
mais la pièce peut être lue entièrement. On lit en tête d'une main
d'employé des bureaux : *Présenté au ministre à son audience du 30
août* 1792. Puis, à une autre place, et d'une autre main, en lettres
majuscules : S. R. (probablement *sans réponse*).

Demande de l'emploi de lieutenant-colonel de l'artillerie de la marine.... Les
qualités qui pourraient militer en sa faveur sont : ses talents ordinaires; des
connaissances sur la partie théorique et pratique de son métier, estimées par les
chefs du corps qui l'ont souvent employé à des travaux extraordinaires et à
diriger des expériences qui, de tous les genres de travail, est celui qui exige le
plus de sagacité et de jugement. — Son civisme connu des différents corps administratifs qui lui ont donné des preuves d'intérêt....

116. BONAPARTE.   12. fo

L. sig. *Buonaparte*, comme général commandant en chef l'artillerie
de l'armée d'Italie, aux représentants du peuple... Marseille, 13 nivôse
an III. 1 p. in-fol. Tête impr. et vignette.

117. BONAPARTE, comme général en chef de l'armée de 9. fo
l'intérieur.

L. sig. *Buonaparte*, au ministre de la marine. Paris, 23 brumaire
an IV. 1 p. in-4.
Au sujet des canons de fer fondus à Chaillot pour la marine.

118. BONAPARTE, comme général en chef de l'armée d'E- 6. fo
gypte.

Ordre de payement sig., avec sa sig. et son cachet arabe. Le Caire,
4 pluviôse an VII. 1 p. in-4.

119. BONAPARTE, comme premier consul.   8'. fo

Quatre petites lignes aut. sig. en marge d'une proposition à une
promotion au grade de chef de bataillon. An VIII. 1 p. in-4.

120. BONAPARTE, comme premier consul.   5

Apostille sig., en marge d'une lettre aut. sig. du citoyen Bacciochi,
capitaine à la 45e demi-brigade, demandant le grade de chef de bataillon. Paris, 13 frimaire an VIII. 1 p. pl. in-4.

121. BONAPARTE, comme premier consul.   1. fo

Sa signature au bas d'un brevet de chef de brigade. An XI. In-fol.
(Parch.).

122. BONAPARTE, comme empereur des Français.   20

L. sig. *Napoléon*, au maréchal.... Ostende, 25 thermidor an XII.
1 p. in-4.

Lettre intéressante au sujet du passage des troupes russes. Il est exactement
instruit du nombre qui en arrive par Constantinople.... Que le général Gouvion
Saint-Cyr doit jetter un coup d'œil sur les Polonais que *l'on dit avoir* (ces trois
mots de la main de Napoléon) aujourd'hui des relations avec les Russes.,....
Evasion de Bourmont et D'Audigne de la citadelle de Besançon.....

123. BONAPARTE, comme empereur des Français.   1. 4

1º Sa signature N., en marge d'un rapport. 1811. 1 p. in-fol.
2º Deux pièces (incomplètes), avec sa sig. N. 2 p. in-fol.

124. BONAPARTE (Joseph), roi de Naples et d'Espagne.   6

L. aut. sig., à son collègue du Sénat... Au camp d'Outreau, le 24
messidor an XII. 2 gr. p. in-fol. Intéressante.

125. BONAPARTE (Joseph). *Le même.*

1° Pièce signée comme administrateur du directoire du départeme[nt] de la Corse, signée aussi par Poli, Piétri, Chiappe, Mattei, Pompei Pao[li] et Canattiere. Corte, 30 avril 1792, 2 p. in-fol., Cachet. (Incomplète ayant été coupée à la marge extérieure jusqu'a la lettre.

Ils certifient que M. *Napolione Buonaparte*, officier d'artillerie au régiment [de] Grenoble, a donné en toats les temps les marques du patriotisme le plus arde[nt] qu'il s'est toujours comporté en très-zélé citoyen, etc.. etc.

2° Billet aut. sig. An IX. 1 p. in-8. — L. sig. 1/2 p. in-4. — [un] brevet signé comme grand électeur. An XIII (sur parch.).

126. BONAPARTE (Joseph). *Le même.*

L. aut. sig. : *Joseph*, comte de Survillier. Londres, 19 sept. 183[3.] 2 gr. p. pl. in-4.

Depuis son arrivée en Angleterre il a lu fréquemment des articles de gazett[es] qui lui prêtent des projets et des prétentions bien éloignés de sa pensé[e.] Élevé dès son enfance dans les doctrines de la souveraineté des peuples, il n[']a jamais vu dans ceux qui les gouvernent que des délégués de la volonté nati[o-] nale; les nations lui ont paru seules avoir des *droits*, et les individus et l[es] familles quelles qu'elles puissent être, des *devoirs* à remplir. — Il est venu [en] Europe pour voir son neveu à Vienne, sa femme à Florence, sa mere à Rom[e.] Il apprend en arrivant la mort du fils de son frere; à Londres, il ne trouve p[as] les passeports pour aller en Italie, il reste donc forcement où il est, et ne retour[-] nera dans l'heureux pays des États-Unis qu'autant qu'il ne pourra rempl[ir] aucun des vœux les plus chers de son cœur, celui de revoir sa patrie et sa fa[-] mille après une absence de 17 ans. — « Si la France continue a nous repousse[r,] « je plaindrai la France, elle repousse ses enfants les plus dévoués à sa gloir[e] « a son bonheur, à sa liberté, des enfants qui lui doivent trop pour n'être p[as] « disposés à tous les genres de sacrifices, pour ne pas lui consacrer le reste d[e] « leurs jours, convaincus que tous les postes sont bons pour servir la patrie...

127. BONAPARTE (Lucien), prince de Canino.

1° Quatre lett. et pièces sig. An VIII. 5 p. in-8 et in-fol.
2° L. aut. sig. Marseille, 1er brumaire an IV. 2 p. in-4.
3° L. aut. sig. Paris, 10 frimaire an VIII. 2 p. in-4.
Bonaparte (Louis), roi de Hollande. 2 lett. aut. sig. 2 p. in-4.
Bacciocchi (le commandant). Billet aut. sig. (à la 3e personne, e[n] italien). 1812. 1/2 p. in-8.

128. BONAPARTE (Lucien), prince de Canino.

L. aut. sig., à... 3 heures après midi. 1/2 p. in-4.
Bonaparte (Joseph). Pièce sig. (en italien), comme président du Di- rectoire du District d'Ajaccio. 17 janvier 1791. 1 p. in-fol.
Eugène Beauharnais (le prince). L. sig. : *Eugène Napoléon*, à l'Em- pereur. Milan, 5 juillet 1807. 1 p. in-4.
Pauline Bonaparte, princesse Borghèse. Billet aut. sig., au car- dinal Fesch, ce jeudi matin. 1 p. in-18.

129. BONAPARTE (Louis), roi de Hollande.

L. aut. sig., au cardinal Fesch, son oncle. Bains de... 12 juillet 1816. 2 p. in-8.

130. BONAPARTE (Louis), roi de Hollande.

1° Billet de 3 lig. aut. sig., à M. Cauchy, garde des archives du Sénat. Paris, 25 messidor an XII. 1/2 p. in-4.
2° Douze lignes aut. en tête d'une lettre du général Milet, à lui adressée d'Amiens, le 2 vendémiaire an XIII. 3 gr. p. in-fol.

131. BONAPARTE (Pauline), princesse Borghèse.

L. avec la fin de douze lignes aut. sig., à Mgr. Cuneo. Villa Pao- lina Monte St-Quilice. 8 juin 1824, 3 p. pl. et demie in-8.

Curieuse lettre au sujet de ses contestations avec son mari.... « Puisqu'il n'a « pas senti la loyauté, l'abandon de mon bon cœur pour lui, et qu'au contraire, « il m'a jouée et trompée d'une manière horrible, je suis décidée à **remettre ma** « cause à la Rota.... »

132. BONAPARTE (Charlotte), princesse Gabrielis, fille de

Lucien Bonaparte. Ferdinand VII, roi d'Espagne, voulut l'épouser pour s'allier à la famille de l'Empereur.
L. aut. sig., à Madame la comtesse de Grasse. 2 p. pl. in-8.

33. BONNE-CARRÈRE (Guillaume), ami de Mirabeau, secrétaire et président de la société des Jacobins.
1° L. aut. sig., au préfet... 1 p. in-8.
2° Pétition aut. sig., au ministre des finances. 27 messidor an VII. 1 p. in-fol.

34. BORDA (Jean-Charles), membre de l'Acad. des Sciences.
1° L. a. s., à M. Le Hoc. Paris, 12 avril 1783. 1 p. in-4. Cachet.
2° Mémoire aut. sig. Paris, 18 avril 1788. 1 p. pl. in-4.

35. BOSCO (B.), célèbre prestidigitateur.
L. aut. sig. (en italien). 30 janvier 1835. 1 p. in-4. — Dialogue en vers (imprimé, en allemand), entre Bosco, Faust et Méphistophélès. 8 p. in-8 (papier jaune).

36. BOTTA (Charles), célèbre historien.
L. aut. sig., à M. Ginguené. Paris, 21 mai 1812. 1 p. pl. in-4.
Il se rappelle qu'il s'était écrié sur le testament de Boileau, et qu'il prétendait qu'il n'y a pas dans le Tasse tout le mal qu'il a cru y apercevoir. Il persiste dans ses conclusions, tout en avouant qu'on trouve dans la *Jérusalem*, quelquefois même assez souvent ou de l'affectation ou de la recherche, ou de la redondance, mais en avouant cela il prétend que la plus grande partie de ce poème est saine, même sous le rapport de l'élocution, etc., etc., etc.... Il dit en terminant: « N'allez pas croire d'après tout ceci, que je n'ai pas de l'estime « pour Boileau, personne ne l'admire plus que moi. Boileau est mon homme. « Je trouve et même assez souvent de l'exagération et de l'enflure dans Corneille, « je trouve, et même assez souvent des vers faibles dans Racine, j'en trouve de « déclamatoires dans Voltaire; mais Boileau, à mon avis, est la perfection « même. Je ne trouve rien dans aucune langue de plus parfait que son *Lutrin*, « et quelques unes de ses satyres. Après cette profession de foi, je puis bien « dire qu'il peut s'être trompé, du moins en partie, lorsqu'il a voulu prononcer « sur le mérite d'un poète dont il ne connaissait peut-être pas assez la « langue..... »

37. BOUGAINVILLE (Louis-Ant., comte de), navigateur, chef d'escadre, memb. de l'Institut. N. 1729. M. 1811.
L. aut. sig., au citoyen Fontenay. Paris, an X. 1 p. pl. in-4.
Bouillon Lagrange, géomètre. Pièce aut. sig., et pièce sig. in-12.

38. BOUILLE (François-Claude Amour, marquis de), lieutenant-général, auteur de *Mémoires sur la Révolution*.
Trois lett. et pièces aut. sig. 1771-1775. 5 p. in-4.
Bouillé (Mme la comtesse de). L. aut. sig. Paris, 12 avril 1813. 2 p. in-4.

39. BOUILLON (Mme la duchesse de), protectrice de La Fontaine.
Fragment aut. sur l'Histoire romaine. 2 gr. p. in-fol.
Bouillon (le duc de). L. aut. sig. 8 mars 1710. 2 p. in-4.
Bouillon (le duc de). Deux lett. aut. sig. 1763-64. 2 p. in-4.

40. BOUILLY, littérateur et auteur dramatique.
1° L. aut. sig., à M. de Fontenay. 1808. 2 p. in-4.
2° L. aut. sig., a son cher maître... 6 février. 1 p. in-4.
Ses *Contes aux Enfants de France* lui ont valu hier, aux Tuileries, un auguste suffrage qui l'a vivement ému.

44. BOULANGER (Louis), peintre d'histoire.
L. aut. sig., à M. T. Gautier. 27 août 1841. 2 p. pl. in-4.
Description des sujets : La Paix : La Concorde : La Justice : La Vérité : L'Étude : La Méditation : La Force : La Clémence.
Boulanger (Elise), femme du précédent. L. aut. sig. 2 p. in-8.

142. BOULOGNE, évêque de Troyes, célèbre prédicateur.

L. aut. sig., à M.... Paris, 17 juillet 1791. 1 p. in-4. — Apostille (découpée), aut. sig. 1822.

Boisgelin (le cardinal), archevêque d'Aix. L. aut. sig., au citoyen législateur.... 6 germinal an XI. 2 p. et demie in-4.

143. BOURBON (François de), comte de Saint-Pol.

Quitt. sig. (sur parchemin). 8 avril 1518.

144. BOURBONS CONTI, *Busset*, etc.

Conti (Louis-Joseph de Bourbon, prince de). L. aut. sig. Paris 2 déc. 1776. 1 p. in-4. — Condé (L.-A.-J., prince de). L. sig. 1799 1 p. in-4.

Conti (Mme J.-L. de Bourbon), légitimée par ordre de Louis XV et reconnue princesse par Louis XVI. Neuf pièces et lettres aut. sig. adressées au roi Louis XVIII, aux ministres, pour obtenir des secours et le payement de sa pension. 1819-1820. 15 p. in-4 et in-fol.

Conti (la comtesse de Bourbon). L. aut. sig. 1833. 1 p. in-8.

Busset (le comte de Bourbon). Deux lett. aut. sig. 1774-78. 2 p. in-4.

145. BOURIENNE, secrétaire intime de Napoléon.

L. aut. sig. 1824. 1 p. in-4. — Billet aut., et lett. aut. sig. de sa femme, 1829. 1 p. 1/4 in-8.

La Reveillière Lépeaux. L. sig. comme président du Directoire, signée aussi par le secrétaire général Lagarde. Paris, 19 thermidor an IV. 3 p. in-fol. Vignette.

Il y est question du général Bonaparte.

146. BOUTON (Charles-Marie), peintre, associé avec Daguerre pour le Diorama.

L. aut. sig., à M. Bizet. Paris, 7 août 1828. 3 gr. p. in-4. Touchante lettre.

Ses plaintes réitérées sur son ingratitude et sur celle de Daguerre ne lui ont pas fait moins de peine qu'à lui. Leur situation dans leur entreprise est loin d'avoir été et d'être aussi belle pour eux qu'il la leur présente, puisque maintenant, malgré toute leur activité et leurs soins administratifs, ils sont encore endettés d'une centaine de mille francs. « Que voulez-vous que fassent encore de « plus pour vous deux malheureux peintres qui luttent contre leur mau- « vaise fortune, et qui se verront peut-être réduits à travailler pendant **24 ans** « durée de leur établissement, pour solder seulement ce qu'ils doivent main- « tenant.... »

147. BOYER (Jean-Pierre), président de la république d'Haïti.

Pièce sig. Port-au-Prince, 16 juillet 1827. 1/2 p. in-fol. Tête imprimée, curieuse vignette. *Rare.*

148. BOTANISTES. 14 lett. aut. sig.

Bodard de la Jacopine. — 1812. — Bonplan. 1811. — Cambassader. 1827. — Desvaux. 1835. — Lefebure. — Loiseleur Deslongchamps. 1843. — Moquin-Tandon. 1835. — Mérat. — Poiteau. Sur un mémoire sur la Patate. 1842. — Raffeneau Delile. An VI. — Sering. Deux lett. 1831-41. — Villemorin-Andrieux. Deux lett. an IX.

149. BRENTANO (Clément de), célèb. poëte allemand. N. 1777.

L. aut. sig. (en allemand), à un libraire. 20 février 1805. 2 p. in-4. Très-intéressante.

Relative à des vieux chants allemands, manuscrits ou imprimés, qu'il désire acheter pour servir à son *Recueil de chants populaires* (ouvrage paru en 1806).

Grillparzer (François), poëte et auteur dramatique. N. 1790.

L. aut. sig. (en allemand), à M. de Malburg. Vienne, 5 mars 1819. 2 gr. p. pl. in-4. Cachet. Très-jolie lettre.

Sur son prochain voyage en Italie, et le plaisir qu'il éprouvera à l'embrasser. Il le prie de ne pas mettre d'entraves à son projet. « C'est chose si rare qu'une « goutte de poésie dans la vie : soyons donc poètes une fois; ce sera une petite, « bien petite récompense après tant de prose. »

50. BRILLAT-SAVARIN, auteur de la *Physiologie du goût.*
1º L. sig. Versailles, 12 ventôse an VII. 2 p. in-fol.
2º L. aut. sig. Versailles, 10 ventôse an VII. 1 p. in-4.

51. BRILLAT-SAVARIN, auteur de la *Physiologie du goût.*
L. aut. sig. Versailles, 3 fructidor an VII. 1 p. in-4.

52. BROGNIART (Alex.-Théod.), architecte du palais de la
Bourse, membre de l'Académie.
L. aut. sig., à M... 13 septembre 1779 4 p. pl. in-4.
Au sujet de la demande faite par *Monsieur*, frère du roi, de l'ouverture d'une
rue allant de la rue Plumet à la rue de Babylone.

53. BROUSSAIS, médecin célèbre.
Fragment aut. de notes pour un discours sur la phrénologie. 4 gr.
p. pl. in-4.

54. BRUCE (le colonel Michel), célèbre par son dévouement
lors de l'évasion du comte de La Vallette.
L. aut. sig., à M. le Directeur des Postes. Saint-Omer, 18 décembre
1821. 2 gr. p. pl. in-4. Cachet. Curieuse.

55. BUFFON (le comte de), célèbre naturaliste.
Sa signature : *Le Cte de Buffon*, au bas d'un ordre de dépense. 1781.
1 p. in-fol.
MÉDECINS. *Auvity*. 3 p. in-4. — *Brichet*. — *Casenave*. — *Gannal*.
— *Orfila*. 5 lett. et pièces aut. sig.

56. BUFFON (le comte de), célèbre naturaliste.
Certificat signé, en faveur du Sr Thouin, jardinier en chef du Jardin
du Roi. Paris, 11 janvier 1774. 1 p. in-8 en travers.

57. BUGEAUD (le maréchal), duc d'Isly. N. 1784. M. 1849.
L. aut. sig., à M. Toussenel, à Paris. Exideuil, 7 février 1841. 1 p.
pl. et demie in-4. Trois portr., dont un charivarique.
Il serait bien heureux que M. Blanqui vînt de compagnie avec M. de Lamartine parcourir le pays avec lui. Il ne sait si la trilogie dont il parle aurait des
résultats utiles pour le pays, mais il est certain que le soldat laboureur compte-
rait cette circonstance au nombre de ses bonnes fortunes, et qu'il ferait tout
pour rendre aux illustres pèlerins le voyage aussi agréable et aussi peu pénible
que possible.... « Vous avez vu mon triomphe électoral, il a été beau, car j'avais
« contre moi toutes les apparences, réunies et acharnées. On voulait avec ardeur
« renverser le geôlier de Blaye et l'égorgeur de la rue Transnonain. Il n'est pas
« de moyen quelque petit et bas qu'il fut qu'on n'ait employé. Les calomnies,
« les mensonges, les prêts d'argent, les menaces, les captations de toute na-
« ture : on ne s'est fait faute de rien. Malgré tout j'ai eu les 2/3 des voix. »

58. BUGEAUD (le maréchal), duc d'Isly. N. 1784. M. 1849.
L. aut. sig., à M. Charles de Clonard. Exideuil, 3 nov. 1831. 3 gr.
p. pl. et quart in-4.
Très-belle lettre. Conseils affectueux et d'une très-grande élévation pour
apprendre la science de la guerre ; auteurs qu'il faut lire....

59. BUONAROTI (Philippe), descendant de Michel-Ange,
fameux révolutionnaire, complice de Babeuf.
L. sig., signée aussi par Joseph *Buonaparte* comme commissaires
nationaux envoyés en Corse par le Conseil exécutif, et approuvé par le
Comité de salut public, aux représentants du peuple au port de la
Montagne. Port de la Montagne, 18 pluviôse an II. 1 p. in-fol.
ALBITTE aîné, conventionnel. L. aut. sig., signée aussi de Prost, à
Saliceti. Nice, 17 fructidor an II. 1 p. et demie in-4.

60. BUREAU-RIOFRAY, docteur en médecine.
Curieux mémoire sur l'*Influenza* qui sévit à Londres pendant l'hiver
de 1837, adressé à M. Pariset, pour le soumettre à l'Académie de
Paris. 11 gr. p. pl. in-4.

161. BYRON (lord), célèbre poëte anglais.

Fragment de 3 grandes lignes aut. (découpé d'une lettre), certifié par le comte Orloff.

Byron (lady Noël), femme du précédent. L. aut. sig. (à la 3e personne), à M. Lecointe. Sans date. 2 p. in-8.

162. CADOUDAL (Georges), célèbre chef de chouans.

L. aut. sig., au citoyen.... 22 vendémiaire an V. 1 p. in-8.

163. CALLET (Jean-François), savant mathématicien.

L. a. s., à M. Didot. Vannes, 23 juin 1701. 3 gr. pl. in-4. Cachet. *Lettre intéressante, relative à l'impression de son grand ouvrage : Table des Logarithmes.*

164. CAMBRIDGE (Adolphe-Frédéric, duc de), frère de Georges IV, roi d'Angleterre.

L. aut. sig. *Adolphus Frederick* (en anglais). Cambridge, 7 novembre 1811. 1 p. in-4. Cachet.

165. CAMBRONNE, général de l'Empire.

1° Note aut. sig. 1 p. in-4. — 2° Fin de lettre aut. sig. Nantes, 1er février 1838. 1 p. in-4. (La date, au bas, un peu coupée.)

Cambacérès, 2e consul. Trois lett. sig. An IV et an VIII.

DEUXIÈME VACATION.

Vendredi 16 avril. — Nos 166 à 330.

166. CAMPAN (Mme), célèbre institutrice.

1° L. aut. sig., à M. Aimé Martin. 18 nov. 1811. 1 p. in-4. Cachet.

2° Quitt. aut. sig. de la somme de « sept louis et douze livres reçue « de la citoyenne Beauharnois, pour la quartier de la Cune Hortense « Beauharnois sa fille, à compter du 16 du mois de floréal... » Saint-Germain, 14 floréal, an IVe de la R. F. Demi p. in-4.

Campan, mari de la précédente, secrétaire du cabinet de la reine Marie-Antoinette. 1° Quitt. aut. sig. 1789. — 2° Trois lett. sig. de 1777 à 1787. 4 p. in-4.

167. CAMPE (Joachim-Henri), littérateur, surnommé le Berquin allemand.   N. 1746. M. 1818.

L. aut. sig. (en français), à M.... Brunsvic, 8 janvier 1790. 3 p. in-8. (Remontée.) Littéraire ; intéressante.

168. CANNING (Georges), célèbre ministre anglais.

L. aut. sig., à M. le comte Orloff. Paris, 23 mai. 1 p. in-8. Cachet.

Canington. L. aut. sig. (en anglais), 28 février 1815. 1 p. in-4.

169. CANOVA (Antoine), célèbre statuaire.

L. aut. sig. (en français), à M. A. Lavallée, secrétaire et comptable du Musée Napoléon, à Paris. Florence, 23 décembre 1810. 1 p. in-4. Cachet.

170. CAPODISTRIAS (Jean, comte), ministre de l'Empereur Alexandre Ier, président de la Grèce. Né en 1780. Assassiné en 18...

1° L. aut. sig., au prince Kozloffski. Varsovie, 6-18 octobre 1819. 1 p. in-4. Portr. Instructions politiques.

2° L. avec la souscription aut. sig., au même. St-Pétersbourg, 1-13 déc. 1819. 5 gr. p. pl. et demie in-4.

Instructions secrètes sur la manière dont il doit tenir son rôle de représentant de l'Empereur de Russie en Allemagne en présence des chartes nouvelles qui régissent les différents états.

171. CARDINAUX, EVEQUES, etc., etc. Six lettres.

ALBANI (Alexandre), nonce du Pape à la cour de Vienne. N. 1692, M. 1797. L. avec la souscrip. aut. sig. (en italien), à l'Impératrice, Reine de Hongrie et de Bohême. Rome, 18 sep. 1756. 3 gr. p. pl. in-fol. Affaires religieuses de la Hongrie, etc. — GARIBALDI (Antoine), nonce du Pape à Paris. L. aut. sig. (en italien). Paris, 2 juin 1837. 1 p. in-4. Cachet. — CLERMONT-TONNERRE. L. aut. sig. 1 p. in-8. — MAURY. L. sig. 1810. 1 p. in-4. — GRÉGOIRE (Henri), évêque de Blois. L. aut. sig. 1 p. et demie in-8. — HERMOPOLIS (Farissynous, évêque d'). Diplôme sig. (sur parch.) 1825. — LA ROCHE ARNAUD (l'abbé Marc-Marcet de), auteur des *Mémoires d'un jeune jésuite*, L. aut. sig. 1851. 1 p. in-4.

172. CARDINAUX FRANÇAIS ET ITALIENS.

GARIBALDI (A.). L. aut. sig. Paris, 1832. 2 p. in-8. — ISOARD. L. aut. sig. 1831. 2 p. in-4. — FLEURY. L. sig. 1734. 2 p. et quart in-4. — CONSALVI. L. aut. sig. 1823. Quart de p. in-4.

173. CARDINAUX. Douze lett. aut. sig.

ALFONSO. 1811. Quart de p. in-4. — BRIGNOLE. 1812. 1 p. in-4. — GABRIELLI (Giulio). Deux lett. 1810. 2 p. in-4. — GALEFFI. 1810. 1 p. in-4. — HALLIÉ. 1792. 1 p. in-4. — BUFFO. 1814. 1 p. in-4. — SALUZZO. Deux lett. 1810 et 1811. 4 p. in-4. — SOMAGLIO. 1810. 2 p. in-4. — SPINA. 1807. 2 p. in-4. — WELD (Thomas). 1 p. in-4.

174. CARLOS (Marie-Isidore de Bourbon, don), infant d'Espagne, prétendant, comte de Montémolin.

L. aut. sig. (en espagnol), au général Elio. Bourges, 11 oct. 1833. 1 p. in-8.

Il est satisfait de sa conduite, particulièrement dans les derniers événements : « Personne mieux que moi ne sait la que cause de ma retra te en France aussi « bien que celle de tous ceux qui, fidèles à leurs principes et à l'honneur, m'y « ont suivi, a été l'infâme trahison de Maroto.... etc., etc.

175. CARNOT, conventionnel, ministre de la guerre.

1° Apostille de 3 lignes aut. sig. sur une pièce de 3 p. in-fol.
2° L. a. s., à Mme Périn. Paris, 14 juin 1814. 1 p. in-8. Port. in-fol.

176. CARO (Annibal), célèbre poëte italien. N. 1507. M. 1566.

L. aut. (minute, en italien, son nom, *Caro*, se trouve à la deuxième ligne), à Monseigneur.... Rome, 30 décembre 1565. 1 gr. p. in-4. *Très-rare lettre.*

177. CASABIANCA (Luzio), mort au combat d'Aboukir en 1708.

Capitaine de pavillon de l'amiral Brueys : ce dernier étant tué, Casabianca se défendit en héros contre l'amiral Nelson. Blessé lui-même, il fit sauter son vaisseau, qui s'engloutit avec tout ce qu'il contenait : son jeune fils, âgé de dix ans, Zacomo-Jocante Casabianca, se jeta dans les bras de son père, et voulut mourir avec lui malgré ses instances pour le forcer à fuir. Ce trait de piété filiale a été célébré par les poètes Lebrun et Chénier.

L. aut. sig. *Luzio*, à son ami.... Paris, 17 frimaire an II. 1 p. pl. in-4. Rare et précieuse lettre.

« *Deposuit potentes de sede et exaltavit humiles.*

« Hier nous apprîmes avec bien de la joie les succès des armes de la Répu-« blique devant la perfide Toulon. Nous nous sommes glorifiés de la gloire de « nos compatriotes, peut-être a-t-on remarqué que les plus grands éloges étoient « pour les Corses seuls.... etc., etc.

178. CASSINI (Jacques), astronome, membre de l'Académie des Sciences. N. 1677. M. 1756.

Nouvelles recherches sur la quantité de l'aplatissement de la Terre. Manuscrit aut. 7 gr. p. pl. in-4.

Le Monnier, astronome, membre de l'Académie des sciences.
Mémoire aut. sig. (à la 3e personne), pour *Monsieur*, comte de Provence. Sans date. 1 p. pl. in-4.
Demande d'une petite portion de terrain dans le jardin du Luxembourg, à dessein d'y faire bâtir un observatoire et d'y fixer sa demeure.

179. **CASTIL-BLAZE,** célèbre écrivain sur la musique.
L. aut. sig., à M. Mathieu. Paris, 21 mai 1838. 3 p. pl. in-4.
Très-belle lettre musicale sur le diapason de l'Opéra. Rapports de la musique ancienne avec la musique moderne.

180. **CATALANI** (Mlle Angélique, femme *Valabrègue*, illustre chanteuse italienne, nommée *la reine des cantatrices et la cantatrice des rois.*
Deux vers aut. sig. *Angélique de Valabrègue, née Catalani.* Florence, 4 janvier 1843. 1 p. in-12 remontée. Rare ainsi signée.

181. **CATHERINE DE MEDICIS,** reine de France.
L. sig., à M. de Matignon. Paris, 16 janvier 1563. 1 p. in-fol.
Elle tiendra la main à ce que les conseillers que le roi a choisis députés pour
« aller faire le procès des faux monnoyeurs partent incontinent, aflin de péné-
« trer s'il est possible si avant la vérité de la chose et de tous les alliez et
« complices que l'on en puisse nétoyer le pays..... »

182. **CAUMONT, DUC DE LA FORCE** (Jacques Nompart de), maréchal de France. Il échappa au massacre de la Saint-Barthélemy.
L. aut. sig., à M. le marquis de Vardes. Sainte-Menehould, 17 oct.
1 p. in-fol. Cachet.

183. **CAUX DE CAPPEVAL,** poëte, littérateur, traducteur de la *Henriade* en latin.
L. aut. sig., à Voltaire. Manheim, 10 oct. 1772. 3 gr. p. pl. in-4.
Très-intéressante lettre au sujet de sa traduction en latin de la *Henriade*.

184. **CAVAIGNAC** (Godefroid).   N. 1802. M. 1845.
L. aut., à M. Drolling fils, peintre. Londres, 10 déc. 1836. 1 p. in-8.
Esquiros (Alphonse), historien. L. aut. sig. 1 p. in-8.

185. **CAYLUS** (Charles de), évêque d'Auxerre. N. 1669. M. 1754.
L. aut. sig., à M.... 3 juillet 1751. 2 p. in-4.

186. **CAYLUS** (le comte de), littérateur, écrivain sur les beaux-arts, membre de l'Académie de peinture.
L. aut. sig., à son cousin..... Toulouse, 15 février 1786. 1 p. in-4.
Auger (l'abbé Athanase), savant helléniste, professeur d'éloquence au collége de Rouen. L. aut. sig. Paris, 5 nov. 1781. 1 p. pl. in-4.

187. **CAZOTTE** (Jacques), littérateur. Mis à mort en 1792.
L. aut. sig., à M. de Borde. 1er septembre 1774. 4 p. in-4. Lettre incomplète, les quatre pages ayant été coupées au tiers à la marge extérieure.

188. **CHAMPAGNE** (Jean-François), bénédictin de Saint-Maur, principal du collége Louis-le-Grand, membre de l'Institut.   N. 1751. M....
L. aut. sig., à MM. les Procureur général syndic, et Membres du Directoire du département de Paris. Paris, 30 sept. 1791. 3 gr. p. pl. in-4.
Observations sur la suspension des bourses dans les colléges, séminaires et autres maisons d'éducation.
Brun Condamine, célèbre agriculteur. L. aut. sig. Neuilly, 14 frimaire an X. 3 p. in-4. Curieuse.

189. **CHAMPIONNET,** général de la République.
L. aut. sig., au général Kléber, commandant l'aile droite de l'armée.
Quartier général à Hochhein, le 7 vendémiaire an IV. 1 gr. p. pl. in-fol.
Belle lettre sur les dispositions de l'ennemi qui est en présence.

190. CHANSONS, POESIES. Huit pièces aut. sig.   8 · /o
DEMAUTORT. *La Routine.* 5 couplets. 3 p. in-8.
DUCRAY-DUMINIL. *La Pendule.* 8 couplets. 3 p. in-4.
JACQUELIN. *Les amis sont là,* chansonnette. 5 couplets. 3 p. in-4. ₡
PHILIPON DE LA MADELAINE. *La Malice.* 5 couplets. 3 p. in-8.
SÉGUR le jeune (Joseph-Alexandre de). Mort en 1805. *La Valse.*
6 couplets. 2 p. in-4.
COLET (Mme Louise). *Fragment. A ma mère.* Paris, 22 avril. 1 p. in-4.
CURIÈRES-PALMÉZEAUX. *Imitation d'un distique latin.* 1 p. in-18.
ROUGEMONT (B. de). *Le Premier amour.* 3 p. pl. in-4.

191. CHANTEURS *à l'Opéra, Opéra-Comique,* etc.   2
ALBRIZI. — ALBERT (danseur). — ALIZARD. — AUDRAN, fils. — BADY.
— BARROILHET. — — CHOLET. — CONSUL. — DABADIE. — Ensemble,
huit lett. aut. sig.

192. CHANTEURS *à l'Opéra, Opéra-Comique,* etc.   2
DÉRIVIS. — DUPOND. — DUPREZ. — HOFFMANN (André). 3 p. in-4.
— LABLACHE. — LEVASSEUR. — MOREAU-SAINTI. — NOURRIT (Adol-
phe). — PAULIN.

193. CHANTEURS *à l'Opéra, Opéra-Comique,* etc.   2 · /o
PONCHARD. — STOCKHAUSEN. — TRÉVAUX. — WARTEL (Th.). —
WARTEL (François). — Ensemble, cinq lett. aut. sig.
Chorégraphes. — BLACHE père. Lett. aut. sig. — D'EGVILLE. L.
aut. sig. — MILON. Deux pièces aut. Compositions chorégraphiques.
7 p. in-4. — NOVERRE. L. aut. (incomplète de la fin). 1800. 4 p. pl. in-4.

194. CHANTEUSES ET DANSEUSES *à l'Opéra, Opéra-*   2
Comique. Sept lett. aut. sig. et 4 lett. aut.
CARADORI (Mlle Demunck). 4 lett. et bill. aut. sig. (à la 3e per-
sonne. — CINTI (L. Damoreau). 2 billets. — DESBROSSES. — MÉRIC-
LALANDE. — NAU. — STOLZ (Rosine). — TAGLIONI (Marie).

195. CHARLES-QUINT (histoire de l'empereur).   5. 8 ∼ 2/∼
Res gesta Caroli V. Menstrua ad foris et priuntim ab anno 1514 *vsque*
1551. *Liber rarus nec vulgaris,* etc. J. SAMBUCI. Manuscrit (en français).
Manuscrit intéressant et d'une très-bonne écriture. 428 gr. p. in-fol.
Relié en veau. Nous le croyons inédit, sans cependant le garantir.

196. CHARLES IX, roi de France.   10
L. sig., et contresignée de *Neufville,* au duc de Longueville, gouverneur et son lieutenant général en Picardie. 27 mai 1572. 1 gr. p.
et demie in-fol.
Belle lettre, sur sa ferme volonté de conserver la paix avec les princes ses
voisins, et surtout avec son frere le roi catholique.....

197. CHARLES X, roi de France.   3
1o Billet aut., à M. le duc de Grammont. 1 p. in-8.
2o Brevet (sur parch.), de chevalier de Saint-Louis. 1825.
3o Deux brevets (sur parch.), pour la décoration du Lys.
4o Trois brevets sig. d'officiers de la garde nationale.
ANGOULÊME (le duc d'). Note signée. 1820. 2 p. in-8.

198. CHARLES-LOUIS de *Lorraine,* archiduc d'Autriche,   10 ·/o
dit *le prince Charles,* l'un des plus grands généraux de
son temps.   N. 1771. M. 1846.
L. aut. sig., à M... Vienne, 6 août 1801. 1 p. pl. et demie in-4.

199. CHARLET, célèbre dessinateur et peintre.   12 ·/o
L. aut. sig., à MM. les président et membres du conseil de recen-
sement de la Xe légion de la garde nationale. 8 juillet 1842. 1 gr.
p. pl. in-4.
Une grave affection catharale le force de leur demander son exemption du
service de la garde nationale.... C'est d'autant plus humiliant et plus dur pour

lui qu'il est toujours rempli de zèle, et qu'il en a toujours donné l'exemple depuis 1814. « Car en 1814, à la bataille de Paris, je brulai les dernières cartouches « des funérailles de l'Empire. »

200. CHASTELLUX (Fr.-Jean, marquis de), membre de l'Académie française.   Mort à Paris en 1788.

CHASTELLUX (le marquis de). L. aut. sig. 1756. 2 p. in-4.

FOLARD (le chevalier de). Fin de lett. aut. sig. 1734. demi-p. in-4.

201. CHATEAUBRIAND (le vicomte de). N. 1769. M. 1848.

L. aut. sig., au cardinal Fesch. Rome, 29 avril 1829. 1 p. et demie in-8.

MONTMORENCY (le duc Mathieu de). L. aut. sig., à M. .... Paris, 28 prairial ... 1 p. pl. in-8.

202. CHATEAUBRIAND (le vicomte de). N. 1769. M. 1848.

L. aut. sig., au prince Kozloffski. Paris, 5 mars 1832. 3 p. pl. in-8.

.... Il voudrait aussi se rendre à son inclination pour *Louis XI*, mais il recule devant les tyrans. « Quant à votre *quelqu'un* qui me croit changé en *plume*, « serait-il de ces benêts qui prennent à la lettre ce que je dis de mes *vieux* « ans ? »

203. CHATEAUBRIAND (le vicomte de). N. 1769. M. 1848.

1°. Deux lettres sig., dont une adressée à M. le procureur général, au sujet de sa brochure : *De la monarchie selon la charte*. Paris, 28 oct. 1816. — Et sa carte de visite aut.

2°. L. aut. sig., à Mgr. ... Paris, 22 nov. 2 p. in-4. Belle lettre.

204. CHERUBINI, célèbre compositeur.   N. 1760. M. 1842.

Canon à trois voix. Paroles et musique aut. sig. Paris, 21 juillet 1811. 1 p. in-4.

205. CHICOYNEAU (François), professeur et chancelier de l'Université de méd. de Montpellier. N. 1702. M. 1740.

L. aut. sig., à M. Sauvage De Lacroix, médecin. Montpellier, 27 juillet 1734. 1 p. in-4. Cachet.

WINSLOW, célèbre professeur d'anatomie, danois converti par Bossuet, membre de l'Académie des sciences.   N. 1669. M. 1760.

Délibération signée, signée aussi par Lassone, par l'ordre de l'Académie, sur mémoire de M. Süe, chirurgien de Paris, qui a pour titre : *Plusieurs observations anatomiques sur différents monstres, et des variations dans la position des parties.* 6 juillet 1746. 3 p. et demie in-4 (Portr. gr. in-4, en partie taché d'humidité).

206. CHIMISTES. 7 lett. aut. sig.

BRONGNIART (Alex.). 1829. 2 p. in-4. — CADET-DEVAUX. 1782. 2 p. in-4. — CADET DE GASSICOURT. 1810. 2 p. in-4. — CHENU. 1779. 3 p. in-4. — CHEVALLIER (A.). — CHEVREUL. 1837. 1 p. in-4. — DUMAS, et fragment aut.

207. CHIMISTES. 8 lett. et pièces aut. sig.

DARCET, père. Quitt. aut. sig. 1765. — DARCET. An II. 2 p. in-4. MELANDRI (en italien). 1810. 1 p. in-4. — PAYEN. — PELOUZE. Fragment aut. — ORFILA. 1837. 1 p. in-4. — RASPAIL. 1 p. in-4. — ROBIQUET. — THÉNARD. — VAUQUELIN. 1807. 1 p. in-4.

208. CHIMISTES. 8 lett. aut. sig.

CADET DE VAUX. — CADET DE GASSICOURT (C.-L.). — CHEVREUL. — DUMAS. — DARCET. Deux lett. — ROBIQUET. — THÉNARD.

209. CHRISTINE DE FRANCE, fille d'Henri IV, duchesse de Savoie.   N. 1606. M. 1663.

L. aut. sig., à Caron ... De Mille Fleurs, 1er juillet 1636. 1 p. in-4. Curieuse.

210. CHRISTINE-MARIE, reine d'Espagne, femme de Ferdinand VII.

L. aut. sig. (en espagnol), à son fils. Madrid, 21 nov. 1847. 1 p. pl. et demie in-18. Jolie petite lettre.

MARIE-LOUISE DE SAVOIE, reine d'Espagne, femme de Philippe V. L. aut., à sa chère grand'mère. Barcelone, 2 décembre 1701. 1 p. in-4. Curieuse.

ESPAGNE (la Reine prétendante d'), femme de Don Carlos. Adresse de lett. aut. Cachet.

211. CLERGÉ catholique et protestant.

BAUTIN. 1846. 3 p. in-8. — COLLET (F.-M.), prêtre de l'Université de Paris. 3 p. in-4. — DEGUERRY. 1 p. in-8. — DUBOIS (S.-A.). Missions étrangères. 1824. 2 p. in-4. — DEVICHY, aumônier de la Reine. 1787. 2 p. in-18. — FOSCOLO (le comte), patriarche de Jérusalem. 1837. 2 p. in-8. — RIBALLIER 1776. 1 p. in-4. — TATAREAU, dominicain. 1767. 1 p. in-4. — GŒPPE (J.-J.), président du consistoire. 1826. 2 p. in-4. — MARRON (P.-H.), président du consistoire de Paris. 1817. 1 p. in-4. — Ensemble, dix lett. aut. sig.

212. CLONARD (le chevalier de), capitaine de vaisseau, second de Lapérouse.

Apostille de onze grandes lignes aut. sig. (demi-p. in-fol.), sur un mémoire du sieur De Reine, lieutenant de frégate, adressé au Roi, le 3 mars 1776. 4 p. in-fol.

CLONARD (le comte de). L. aut. sig. Paris, 3 mars 1778. 1 p. in-4.

CLONARD (Rob.). L. aut. sig. Paris, 13 oct. 1782. 1 p. 1l. in-4.

213. COBENTZEL (le comte de), ministre d'Autriche.

L. aut. sig., à M. .... sans date. 1 p. in-8.

METTERNICH (le prince de), ambassadeur de Russie à Paris en 1801. L. sig., au ministre. Paris, 3 août 1801. 1 p. in-4.

GALLO, ministre de Naples. L. aut. sig. 1 p. in-8.

214. COGNIET (Léon), peintre d'histoire et de portraits.

Trois lett. aut. sig., à MM. Gelée et Blondel. 4 p. in-8.

215. COMITÉS, sections révolutionnaires,

Section de l'homme armé. — Section des Tuileries. — Société des Jacobins. — Bièvre la Montagne. — Section de la Croix-Rouge. — Société républicaine de Nantes. — Société populaire de Brest. — Société de Gravelines. — Les prisonniers de guerre français au château d'Édimbourg. — Comité des Quinze-Vingt. — Comité révolutionnaire de Bordeaux. — Comité de salut public du district de Corbeil. — Comité de surveillance révolutionnaire de Versailles. Section de Brutus, etc. etc. Ensemble, 29 pièces avec un grand nombre de signatures, des têtes imprimées et des cachets (plusieurs pièces sont incomplètes). Réunion intéressante.

216. COMMERSON (Joseph-Jacques), membre et professeur de l'Université, auteur de divers ouvrages, se disant, et signant : décroteur sur le pont Saint-Michel.

L. aut. sig., à M. le vicomte de Chateaubriand. Prison de la Force, 12 mars 1837. 3 p. pl. in-4. Curieuse. — Extrait de la Gazette des Tribunaux du 10 mai 1837. Audience de la police correctionnelle du 7 mai, où Commerson a été condamné à deux ans de prison, pour avoir illégalement porté la décoration de l'Université, et avoir insulté M. Guizot par écrit et menace.

217. COMPOSITEURS DRAMATIQUES. 14 pièces sig. et aut. sig.

ADAM (Ad.). — BERLIOZ. — BOCHSA. — COHEN. — ELWART. — GARAUDÉ. — HALÉVY. — PAER, etc. etc.

218. COMPOSITEURS FRANÇAIS. 10 lett. et pièces, dont
5 pièces musicales, aut. sig.

ADAM (Ad.). Pièce musicale. 1842. 1 p. in-8. — AUBER. L. aut.
sig. *A.*, au baron de Trémont, 1839. 1 p. pl. in-8. Intéressante. —
BOIELDIEU (Adrien). *Ni larmes, ni regrets.* Romance. Paroles d'Emile
Barateau. 2 p. in-fol. — BURGMULLER. Pièce musicale. 1834. Demi-p.
in-4. — DUGAZON (Gustave). L. aut. sig. 2 pl. in-8. — LIMNANDER. L.
aut. sig. 1 p. in-8. — MARAIS (Marin). Quitt. sig. (sur parch.). 1704.
Rare. — MASSET (J.-J.) *Le chasseur de chamois.* Paroles de Jules
Mercier. 3 p. in-fol. — MUSARD (Alfred). *Une légende, souvenir de
Biaritz.* Paroles d'Adolphe Canoby. 3 p. in-fol. Joli lot.

219. COMPOSITEURS DE MUSIQUE. 7 lett. aut. sig.

ADAM (Ad.). — ALBRECHT (au crayon). ALKAN. — AUBER. 2 lett. —
AYBLINGER. — BAILLOT.

220. COMPOSITEURS DE MUSIQUE. 10 lett. aut. sig.

BANDERALI. 3 lett. — BAUDIET. — BELLON. — BERLIOZ (au crayon).
— BERTESCRAU. — BERTINI. — BOIELDIEU. — BOISMARTIN. — CARAFA.

221. COMPOSITEURS DE MUSIQUE. 11 lett. et pièces
aut. sig.

CHAMPEIN. 2 lett. — CHAUSSIER (Hector). — CHELARD. — CHÉRUBINI.
— DALBERG. — DANCLA. — DESPREZ. — DEVIENNE. — DIETSCH. 2
pièces (dont une musicale).

222. COMPOSITEURS DE MUSIQUE. 13 lett. aut. sig.

DOCHE. — DONIZETTI. — DOURLINC. — GASTINEL. — HABENECK. —
HÉROLD. — HEUGEL. — HUMMEL. — JADIN. — KALKBRENNER. — KONTSKI.
2 lett. — LEMOINE.

223. COMPOSITEURS DE MUSIQUE. 10 lett. aut. sig.

MARMONTEL. 2 lett. — MARTYNS. — MEIFRED. — MINORET. Quitt.
sig. (sur parch.), 1700. — MOLINE, auteur d'Orphée, avec le chœur
qui termine l'opéra d'Orphée. — MOSKOWA (le prince de la). Deux lett.
— MUSARD, père. — PACCINI (Emilien).

224. COMPOSITEURS DE MUSIQUE. 9 lett. aut. sig.

PAER. — PANSERON. — PAPAVOINE. — PASDELOUP. — PERNE. Aut.
— PRADHER. 2 lett. — RAVINA.

225. COMPOSITEURS DE MUSIQUE. 9 lett. aut. sig.

RODE. — SCHLESINGER. — SCHMEITZ. — SEYHERS. — SPONTINI. —
TASKIN. — TILMANN. — VANDENBERGHES. — ZIMMERMANN.

226. COMPOSITEURS ITALIENS ET ANGLAIS.

BENINCORI (Angelo). L. aut. sig. An XII. 1 gr. p. 1/2 in-4. Musi-
cale. Intéressante. — BIBETTA (Emanuele), auteur de la *Rose de
Florence.* Pièce musicale aut. sig. 1856. 1 p. in-8. — FIOCCHI (V.).
L. sig. Au directeur de l'Opéra. 1812. 2 gr. p. pl. in-4. Intéressante.
— MORLACCHI (François). L. aut. sig. 1841. (en italien). 2 p. in-8. —
PORTA. L. aut. (avec 5 lig. aut. de Camérani). 2 p. in-8. — BISHOP
(sir Henri). Pièce musicale, aut. sig. 1844. *Portr.* (Dessin à la plume).

227. COMPOSITEURS ALLEMANDS. 7 lett. aut. sig., 3
pièces musicale aut. sig., et 1 portr. (Dessin à la plume).

DURRNER. Pièce musicale. 2 p. in-fol. Portr. — EBERWEIN (Max.-
Carl.). Pièce musicale. 1846. in-fol. en travers. — GIROWETZ (Adal-
bert). 1823. 1 p. in-4. — LOGIER. 1822. 1 p. in-4. — LOSSENER
(Abraham). 1664. 2 p. in-fol. *Rare.* — NEUKOMM (Sigismond). 2 p.
in-4. — OTTO. 1832. 1 p. pl. in-4. — SCHMITT (Aloys). 1839. 3 gr.
p. pl. in-4. — SECHTER. 1852. 1 p. in-8. — SPOHR (Louis). Pièce
musicale. 1843. Très-beau lot.

228. COMTESSES, MARQUISES. 13 lett. aut. sig.

ALBESTROFFO. 4 lett. 1800. — BALBI (la comtesse de), amie de

Louis XVIII. — CHAUMONT, dame d'honneur de Mme la duchesse de Berri. — DU CAYLA. — MONTESQUIOU (Anatole de). — MONTMORENCY. — FONTANGES, amie de Louis XV. L. aut. (a la 3e personne. — FONTANGES. 1836. — MIRABEAU DE CABRIS. — DU SAILLANT. 1816.

229. CONDAMNÉS POLITIQUES. Règlement fait pour les condamnés politiques, détenus dans la maison centrale, à Clairvaux (Aube).

Pièce sig. par les détenus. Annat, Bachez, Bocquin, Bixain (Eug.), Bayer, Considère, Cendrié, Forget, Godefroy, Goujon, Blotteaut, Jeanne (Ch.), Jumel. Laout, Laruelle (A.), Lépine (J.-H.), Lionne, Maurin, Pétet, Pignon, Rousselles, Vairon, etc. 1 gr. p. pl. in-fol.

Au bas se trouve cette mention, avec le cachet du Directeur, sans doute apposée après la saisie de cette pièce : Reçu le 7 août 1835. Classer au dossier D, et ne pas s'en occuper autrement. Le Dr Salaville.

Ce règlement commence ainsi :

Liberté, Égalité, Fraternité et Communauté.

« Les détenus politiques à Clairvaux, convaincus que la liberté, l'égalité et la « fraternité seules constituent le bonheur du peuple à la réalisation duquel doit « tendre tout républicain, veulent, pour joindre la pratique à la théorie, vivre « en communauté. »

L'article 8 et dernier dit :

« Si jamais il est prouvé qu'un mouchard s'est glissé dans la communauté, il « sera pendu sur le champ. »

230. CONDE (Henri II de Bourbon), père du Grand Condé.

L. aut. sig., au maréchal de Brézé, à Barcelone. De Valery, 16 avril 1642. 1 p. petit in-fol. Cachets et soies.

231. CONDE (Louis II de Bourbon), dit *le Grand*.

Pièce sig. 1675. 1 p. in-4. Cachet.

CONDÉ (Louis de Bourbon, prince de). L. sig. 1741. 1 p. in-4.

CONDÉ (Louis-Joseph de Bourbon, prince de). Pièce sig. 1782.

ALENÇON (François, duc d'). Pièce sig. (fatiguée), 1569. 1 p. in-fol.

232. CONDE (Louis-Joseph de Bourbon, prince de), chef de l'armée, dite de *Condé*.　　　　N. 1736. M. 1818.

L. aut. sig., au duc de Polignac. Ettlingen, 20 octobre 1794. 2 p. pl. in-4. Belle lettre.

Toutes leurs espérances pour le passage du comte d'Artois en Angleterre, et de la plus loin se sont promptement évanouies, au moins pour quelque temps... Que de terribles événements se sont succédés ! et Dieu veuille qu'ils soient à leur terme ! La dissension extrême de la Convention avec les Jacobins peut seule amener un changement.....

233. CONDE (Louise-Marie-Thérèse-Bathilde d'Orléans, princesse de), mère du duc d'Enghien.

1° Trois lett. et billets aut. 4 p. in-8 et in-4., et 1 billet.

2° Trois lett. aut. sig., à divers, 3 p. in-8 et in-4.

234. CONTAT (Louise-Françoise), marquise de Parny, célèbre actrice de la Comédie-Française. N. 1760. M. 1813.

L. aut. sig., à M. Ducray Duminil. Ce vendredi 19. 1 p. in-8. Portr.

Jolie lettre, au sujet des débuts de sa fille.

235. CONTAT (Louise-Françoise). *La même.*

L. aut. sig., à M... Le 16... 1 p. pl. in-8.

236. CONVENTION NATIONALE (membres de la).

ALQUIER. An VI. 1 p. in-4. — AUGUIS. 1784. Pièce de procédure aut. sig. 3 p. in-4. — BARÈRE. An II. 1 p. in-4. — BODIN. Deux lett. An V. 3 p. in-4. — BOISSY-D'ANGLAS. 1822. 2 p. in-8. — BOURGEOIS (d'Eure-et-Loir). — CAMUS. An XII. 1 p. in-4. — CHARBONNIER. 1788. 1 p. in-4. — Ensemble, dix lett. aut. sig.

237. CONVENTION NATIONALE (membres de la).

CHASSET. — An VI. 1 p. in-4. — CHAUDRON-ROUSSEAU. An III. 1 p.

in-4. — CHIAPPE. An XIII. 3 p. in-4. — CLAUZEL. An VIII. 1 p. in-4.
— CLAVERIE. 1807. 1 p. in-fol. — COLLOMBEL. An IV. 1 p. in-4. —
COREN-FUSTIER. Deux lett. An IV et 1800. 2 p. in-4. — Ensemble,
huit lett. aut. sig.

238. CONVENTION NATIONALE (membres de la).
COUTURIER. An IV. 3 p. in-4. — CRASSOUS. An II. 1 p. in-4. —
DENTZEL. An II. 2 p. in-4. — DOULCET DE PONTÉCOULANT. An V.
1 p. in-4. — DUMONT (André). An II. 1 p. in-4. — DUVAL (d'Ille-et-
Vilaine). An II. 1 p. in-4. — DUVAL (J.-P.), de la *Seine-Inférieure*.
1 p. in-4. (pièce incomplète). — Ensemble, sept lett. aut. sig.

239. CONVENTION NATIONALE (membres de la).
DELAMARRE. An VII. 2 p. in-4. — DELBREL. An VI. 2 p. in-4. —
DELLEVILLE (Philippe). An VI. 2 p. in-4. — DELMAS. An II. 2 p. in-8.
— AZÉMAR (*Gironde*). Certificat aut. sig. An III. Demi-p. in-4. *Rare*.
— FABRE. An XII. 3 p. in-4. — FRANCASTEL. An XIII. 1 p. in-4. —
Ensemble, sept lett. aut. sig.

240. CONVENTION NATIONALE (membres de la).
GARDIEN. 1789. 1 p. in-4. — GIRAUD (*Charente-Inférieure*). An IV.
2 p. in-4. — GOSSUIN. An III. 1 p. in-8. — GOULY. 1 p. in-8. —
GOUPILLEAU (de Fontenay). 1 p. in-4. — GUEZNO. An V. 2 p. in-4. —
GUYTON-MORVEAU. 1810. 1 p. in-4. — Ensemble, sept lett. aut. sig.

241. CONVENTION NATIONALE (membres de la).
HOURIER ÉLOY. An XI. Demi-p. in-4. — ISORÉ. An II. 2 p. in-fol. —
JULIEN (de Toulouse). An XI. 1 p. in-4. — LARIVIERE (Henry). 2 p.
in-4. — LEMOINE (J.-T.-L.). An III. 1 p. in-4. — LOUVET (de la
Somme). An XII. 3 p. p. in-8. — MALLARMÉ. An IV. 1 p. in-4. — En-
semble, sept lett. aut. sig.

242. CONVENTION NATIONALE (membres de la).
MAREC. An IV. 2 p. in-4. — MARIETTE. An III 1 p. in-4. — MICHEL.
An III. 1 p. in-4. — MATHIEU. An III. 1 p. in-fol. — MERLIN (de Douai).
An IV. 1 p. in-4. — MERLIN (de Thionville). 1815. 1 p. in-8. — MAY-
NARD. An XII. 1 p. in-4. — MICHAUD. An II. 1 p. in-4. Ensemble
huit lett. aut. sig.

243. CONVENTION NATIONALE (membres de la).
MOLLEVAUT. An XII. 1 p. in-4. — OSSELIN. 1793. 1 p. in-4. — PA-
GANEL. An VII. 1 p. in-8. — RABAUT-POMMIER. An IV. 2 p. in-4. —
ROUX. An II. 1 p. in-4. — RIBET. Deux pièces. An XIII. 2 p. in-fol.
— THIBAUDEAU. An VI. 1 p. in-4. — THIRION. 1793. 1 p. in-4. —
Ensemble, neuf lett. aut. sig.

244. CONVENTION NATIONALE (membres de la).
BOISSY-D'ANGLAS. An XIII. 2 p. in-4. — CALON. An II. 1 p. in-fol.
— CRASSOUS. Deux lett. An II et an XIII. 2 p. in-4. — DELAMARRE.
An VII. 1 p. in-4. — GIRAUD. An VI. 1 p. in-4. — GOULY. An II.
Demi-p. in-4. — JULIEN (de Toulouse). 1792. 1 p. in-4. — MICHEL.
An III. 1 p. in-4. — THIBAUDEAU. 1815. 1 p. in-8. — Ensemble, dix lett.
aut. sig.

245. CONVENTION NATIONALE (membres de la).
JEANBON SAINT-ANDRÉ. L. aut. sig. 1 p. in-fol., et fin de lett. sig.,
in-4. — MOLTEDO et MAIGNET. L. sig. an II. 5 p. in-fol. — POMME
(André, dit l'*Américain*, et CHARBONNIER. Pièce sig. Marseille, 3 oct.
1795. Cachet. — PROST. L. aut. sig. an III. 1 p. in-4; et lett. sig. de
PROST et d'ALBITTE. An II. 2 pag. in-4. Affaires militaires. — RICORD.
L. aut. sig. an II. 1 p. in-4. — RITTER. L. aut. sig. an III. 1 p.
in-4. — SALICETI et RITTER. L. sig. an IV. 1 p. in-fol.

246. CONVENTION NATIONALE (membres de la).
Vingt et une pièces sig. in-4 et in-fol.

247. CONSALVI (Hercule), cardinal, ministre d'Etat.   *5.E*

1º L.. aut. sig. (en français), à M. Goupry Busoni, à Paris. Fontainebleau, 28 janvier 1814. 1 p. in-4. — Plus, une lettre sig. au même (en italien). Rome, 11 juillet 1818. 1 p. in-fol.

2º L. a. s. (en français), à MM. Reunart. Reims, 17 oct. 4 p. pl. in-4.

248. CORBEIL (pièces et documents révolutionnaires relatifs à l'arrondissement de).   *2 . 2/*

Vingt-quatre lettres et pièces sig. et aut. sig. (Extraits des registres du comité de salut public, adresses du Directoire de l'arrondissement de Corbeil, adresse de la municipalité de Sucy, lettres diverses, écrites pour la plupart de Corbeil, et environs. Ensemble, 49 pages in-8, in-4 et in fol. Réunion curieuse.

249. CORILLA (Marie-Madelaine *Fernandez*, dite), célèbre improvisatrice, couronnée au Capitole.   *2 . 2/*

1º L. aut. (en italien), à ... 17 octobre prose et vers). 3 p. in-4.

2º L. aut. (en italien), à ... Bologne, 11 juillet. 2. gr. p. pl. in-4.

3º Deux pièces de vers aut. (en italien). 2 p. in-4.

250. CORMENIN (le vicomte de), député, publiciste, etc.   *3*

1º L. aut. sig. 1851. 1 p. in-8. — 2º Minute aut. d'un article politique inséré dans la Minerve de 1835. 8 p. in-8 en travers.

ANNE (Théodore), littérateur, critique. Fragments aut. sig. *La critique à deux siècles de distance*... 14 p. in-8.

GAUTIER (Théophile). Feuilleton aut. sig. 2 gr. p. in-fol.

251. CORSAIRES (Armement de), sous la République.   *1*

Traité signé par Joseph *Aréna*, député Corse, compromis dans le complot de la machine infernale, décapité; Barthélemy *Aréna*, frère du précédent; *Bergoing* conventionnel); *Saliceti* conventionnel; *Malibran* (1er mari de la fameuse cantatrice de ce nom), membre des Cinq-Cents, pour former une association d'armement de plusieurs bâtiments destinés à faire les courses dans la Méditerranée contre les ennemis de la République. Paris, 8 frimaire an VII. 1 p pl. in-4.

PLÉVILLE LEPELEY (l'amiral). L. sig. Paris, 22 pluviôse an VI. 1 p. in-fol.

Envoi de six lettres de marque aux représentants du peuple du Golo au Corps législatif.

252. COTTIN (Mme Sophie *Ristaud*), célèbre auteur de romans : *Mathilde, Claire d'Albe*, etc. N. 1773. M. 1807.   *1/*

L. aut. sig., à M. Royer, notaire à Palaiseau. Bagnerre, 18 ventôse. 1 p. pl. et demie in-4.

253. COURIER DE MERE (Paul-Louis), savant helléniste.   *1/*

L. aut. sig., à sa cousine. Barletta, 29 ventôse an XIII. 1 p. pl. et quart in-4. Portr. — Vue de son tombeau, dessin au crayon.

.... Il sai envoie son testament. Motifs.

254. COURIER (Paul-Louis). *Le même.*   *6. 50*

L. aut. sig. Tours, 3 juin 1819. 1 p in-8.

COUSIN (Victor), membre de l'Académie française. Deux lett. aut. sig. 3 p. in-8, et fragment aut. 2 p. in-4.

255. COUTHON (Georg.), conventionnel. Mis à mort en 1794.   *7 . 7/*

L. aut. sig., au ministre de la marine. Paris, 22 juin 1793. Petite page in-4. Affaire d'échange de grains.

256. CREMIEUX, avocat, représentant du peuple, membre du Gouvernement provisoire de 1848.   *3 . 2/*

L. aut. sig. à M. Villemain. Paris 26 août 1835. 4 p. in-4.

257. CULLERIER, habile et savant chirurgien. Né à Angers.   *5.E*

L. aut. sig., à M. Desyeux. 19 mars 1791. 4 p. pl. in-4. Belle lettre. — Ordonnance aut. sig. 1816. Demi-p. in-8.

258. CUSTINE (Astolphe, marquis de), littérateur, auteur de *Lettres sur la Russie.*　　　　　N. 1790. M. 1857.

    1º L. aut. sig., au prince Kozloffski. (Bade 1840). 2 p. in-8.
    2º L. aut. sig., à M. Martinez de la Rosa. 1 p. in-8.
    3º Note aut. pour le maréchal Paskievitch, en faveur du comte Ignace Gurowski, émigré polonais. 1 p. in-4.
    4º Note aut. sur l'église et le couvent de Saint-Polycarpe, à Smyrne. 3 p. in-4.
    5º *Stances à la douleur. Fervaques,* 9 août 1823. 1 p. et quart in-8.

259. CUVIER (Georges), savant naturaliste.

    4º Quitt. sig. 1812. — Pièce sig. et signature découpée. — Notes aut. sur le rhinocéros. 3 p. in-4. — Notes aut. écrites pendant une séance du conseil de l'instruction publique. 2 p. in-4. — Corrections aut. sur une épreuve de son discours aux funérailles de M. le comte Daru. 4 p. in-4.
    2º L. aut. sig., à M. de Fontanes. Paris, 26 mars 1809. 2. gr. p. pl. et demi in-4.
    CUVIER (Georges-Frédéric), frère du précédent. L. sig. 3 p. in-4, et note aut. sig.

260. DAGUESSEAU (Henri-Cardin-J.-B. *de Fresnes*, comte), petit-fils du chancelier, député aux Etats généraux, sénateur, pair, membre de l'Académie française. M. 1826.

    1º L. aut. sig., à M... Versailles, 22 déc. 1761. 2 p. in-4.
    2º DAGUESSEAU, fils du chancelier. L. aut. sig., à M... 25 juillet 1757. 2 p. in-4, et lett. sig. 1776. 1 p. in-4.
    DAGUESSEAU, père du chancelier. Trois lett. aut. sig. 1703, 1708, et 1710. 4 p. in-8 et in-4.

261. DAMAS (Alex.-Aug.-Martial), acteur, sociétaire du Théâtre-Français de 1792 à 1822.

    L. sig., à Mgr ... Paris, 18 nov. 1822. 1 p. in-fol.
    Au sujet de la représentation à son bénéfice, et pour sa retraite.
    GEORGE WEIMER (Mlle). L. aut. sig. à M. Soulié, rédacteur de la Quotidienne: 17 avril 1819. 1 p. pl. in-8. Portr. lith. in-4.
    On fait courir le bruit que ses prétentions exagérées ont seules empêché le directeur du spectacle de la faire jouer quelques représentations avec Talma. La vérité est qu'elle a proposé de jouer *sans émolumens*, les représentations dont son journal a parlé, etc., etc.

262. DAMES NOBLES. 5 lettres et pièces.

    LA VALLIÈRE, marquise de *Tournon*. L. aut. sig. Choisy, 23 août. 3 p. pl. in-4. — MAISONS (la présidente). L. aut., à l'abbé Dubos. Maisons, 30 juillet. 3 p. pl. in-4. Cachet. — ROCHECHOUART (de la Chaussée, de Saint-Auvant de). L. aut. sig. 1723. 2 p. in-4. — ROCHE-CHOUART (Anne-Françoise de), abbesse de Fontevrauld, sœur de Mme de Montespan. L. aut. sig. 1735. 2 p. in-4. — SULLY (la duchesse douairière de). Pièce sig. 1695 in-4.

263. DAMES NOBLES, *auteurs,* etc. 5 lett. aut. sig.

    DU CAYLA (la comtesse), amie de Louis XVIII. 1849 1 p. in-8 — AVENEL (Mlle d'), actrice de la Comédie-Française. 1856. 3 p. in-8. — MERLIN (Mme la comtesse). 2 p. in-18. — JAQUOTOT (Victorine), peintre sur porcelaine. 1844. — RZEWUSKA (la princesse Rosalie). 1840. 1 p. pl. in-8. Intéressante.

264. DAMES NOBLES, *auteurs,* etc. 5 lett. aut. sig.

    JAQUOTOT (Mme Victorine), peintre sur porcelaine. — LIZINKA DE MIRBEL, peintre en miniature. 1842. — MONTGOLFIER SAINT-ÉTIENNE, veuve de l'inventeur des aérostats, morte à 104 ans. 1 p. in-4. — RZEWUSKA (la comtesse Caliste). 1838. 2 gr. p. pl. in-4. Intéressante. — VALMORE (Marceline Desbordes). 1849. 3 p. in-8.

265. DAMES NOBLES, et autres. 5 lett. aut. sig.
Hamilton-Baudon. — Ida-Saint-Edme (La contemporaine). 1834. — Tallien (Thérésia Cabarus). an VIII. — Visconti, amie du maréchal Berthier. Paris. 24 thermidor an XII.

266. DAMES NOBLES AUTEURS. 6 lett. aut. sig.
Bradi. — Dash. — Hautpoul. — Merlin. — Montolieu. — Salm.

267. DAMES AUTEURS. 9 lett. et billets aut. sig.
Agoult. — Ancelot. — Blaze de Bury. — Campan. — Colet (Louise). — Craon. — Girardin (Delphine Gay). — Hautefeuille. — Hautpoul.

268. DAMES AUTEURS. 8 lett. aut. sig.
Belloc. 1827. — Belot (G.), amie de madame Geoffrin. — Bournon-Malarme. — Brady. — Bursay (Aurore). 1814. 2 p. in-4. — Candeille (Simon). — Céré-Barbé (Hortense). — Chastenay (Victorine de).

269. DAMES AUTEURS. 8 lett. aut. sig.
Duquesnoy (Angélique). 1810. 4 p. in-4, contenant : Cendrillon et Dandiné au salon de 1810, 1re séance. Pot-Pourri. — Foa (Eugénie). — Gail (Joséphine). — Gottis. — Hoffmann. 1834. — Huillard (A.). — Kéralio. Lett. aut., et lett. aut. sig. — Mazure (Sophie).

270. DAMES AUTEURS. 11 lett. aut. sig.
Moreau (Elise). — Panckoucke (Ernestine). — Saint-Léon (Louise B. de). — Salm (la princesse Constance de). — Tastu (Amable). Trois lettres. — Ulliac-Tremadeure. — Valmore (Marceline). — Waldor (Mélanie). Deux lettres.

271. DAMES. 12 lett. aut. sig.
Amphernet de Chabanois. 1775. — Balzac (Anne de), femme de Louis Séguier. Quitt. sig 1630. — Barthe. — Biard (Léonie), femme du peintre. — Brissot de Warville. — Caulaincourt de Saint-Aignan. — Grouvelle (Laure). — Hénière, argentière du roi, 1768. — Ida (Madame Alex. Dumas). — Lacarle, née Bosio, fille du peintre. — Ledru-Rollin. — Mackau (de Soucy de). — Montgolfier-Saint-Etienne. L. aut. sig., à l'âge de près de cent ans.

272. DAMES ANGLAISES, auteurs, etc. 5 lett. aut. et aut. sig.
Blessington (comtesse). — Douglas (marquise de). — Hamilton (Dalrymple). — Maberly. — William (Héléna-Maria) 1814.

273. DAMIRON, professeur de philosophie, memb. de l'Inst.
L. aut. sig., à M..., vendredi matin, 4 p. pl. in-8.

274. DANTON, conventionnel, ministre de la justice.
L. sig., comme ministre de la justice, au ministre de la marine. Paris, 4 sept. 1792. 1 p. in-fol.

275. DANTON, conventionnel, ministre de la justice.
L. sig., comme ministre de la justice, au ministre de la marine. Paris, 14 août 1792. 1/2 p. in-fol.

276. DAUBENTON, célèbre naturaliste.
L. aut. sig., à M..., 7 juin 1768. 2. p. pl. in-4. — Plus, lett. sig., à M. Blouin. 1775. 2 p. in-4.
Daubenton de Buffon (Madame). L. aut. sig., à M. le préfet de Seine-et-Oise. Montbard, 16 février 1812. 1 p. in-4.

277. DAUMESNIL (le général, baron), dit *La Jambe de Bois*.
L. sig., au colonel... Vincennes, 30 août 1830. Demi-p. in-4.
Daumesnil (Madame la baronne), femme du précédent. L. aut. sig., au général Richemont. Paris, 15 février 1834. 1 p. in-4.
Duchaume (le général). Ordre sig , pour le commandant des Dromadaires. Egypte, 29 messidor an IX. 1 p. in-fol.

278. DAVID (Jacques-Louis), peintre d'histoire, conventionnel.

Quitt. aut. sig., de la somme de quatorze écus romains et 3 pauls, pour le quartier de janvier. Rome, 13 février 1780. 1 p. in-8, en travers. — Plus, lettre avec deux lignes aut. sig., au ministre de la marine. 1792. 1 p. in-fol. (Incomplète.)

David (d'Angers, statuaire. Deux lett. aut. sig. 2 p. in-8.

279. DEJAZET (Mlle Virginie), célèbre comédienne.

L. aut. sig., a Odry. Mardi.... 2 p. in-8.

Très-joli dessin sig. de Gavarni (Rôle de la Gandriole). In-4. Colorié.

280. DELAMBRE, mathématicien, membre de l'Institut.

1° Rapport sur deux instruments présentés à l'Académie par M. Laur, géomètre. 1821. 4 gr. p. pl. in-fol. (La vignette en tête a été coupée, et a ainsi enlevé le milieu de 8 lignes.)

2° L. aut. sig., au citoyen Firmin Didot. 3 gr. p. pl. in-4. Remplie de chiffres de logarithmes.

281. DELAROCHE (Paul), peintre d'histoire.

L. aut. sig., à M. Blondel. 1836. 2 p. in-4.

Delacroix (Eugène). Deux lett. aut. sig. 3 p. in-8.

Pujol (Abel de). L. aut. sig. 1825. 1 p. pl. in-4.

282. DELAVIGNE (Casimir), poëte dramatique et lyrique.

Trois lett. aut. sig. 1826-1836. 2 p. in-8 et 1 p. in-4.

283. DELILLE (Mme), veuve du poëte Jacques Delille.

L. aut. sig., à M. Mors, à l'Institut. Paris, 26 janvier 1824. 1 p. pl. petit in-8. Cachet noir.

Elle est très-touchée de l'intérêt qu'il donne à la gloire de M. Delille qui peut aller loin avec lui!... Il serait généreux de supprimer de son noble écrit un passage qui n'est pas exact. « Buonaparte estimait M. Delille; il pouvait dire « beaucoup à celui qui avait laissé paraître le poème de la pitié, bonne œuvre, « qui n'était pas pour lui, où les sourds et les muets n'étaient point oubliés. »

284. DENIS (Mme), nièce de Voltaire.

L. aut. sig., à Lekain. Ce 23 janvier. De Monsion, près de Lausanne, en Suisse. 4 gr. p. pl. in-4. Très-belle et très-intéressante lettre.

Sans avoir trop de prétention pour sa pièce de *La coquette punie*, et sans la croire une pièce admirable, elle s'imaginait pourtant que pour un coup d'essai, surtout venant d'une femme, elle lui aurait fait quelque honneur.... Longs détails sur cette pièce dont Lanoue lui a volé le sujet. Cinq autres pièces nouvelles sont tombées à plat au Théâtre-Français en même temps que la sienne... Il demande à son oncle une tragédie et il a raison. Qu'il lui donne donc le temps de la faire.... Heureusement il sait qu'il les fait fort vite, il fait des vers mieux que jamais, et s'il vit comme elle l'espère, elle ne doute pas qu'il n'ait encore plusieurs tragédies de lui. « Pour moi je ly porterai de tout mon cœur, et « surtout je l'engagerai à faire toujours deux beaux rôles un pour vous et un « pour Mlle Clairon et c'est bien son intention.... » La pauvre Châteaubrun est tombée.... Joue-t-il dans Astianax? Mlle Clairon y jouait-elle... ou Gaussin?...

285. DEPUTES sous la Restauration, etc.

Vingt et une lettres et pièces sig. et aut. sig. in-4 et in-fol., dont Berbis, Dalloz, La Bourdonnaye, Alex. Lameth, Théod. Lameth, Ternaux. etc

286. DESAUGIERS, chansonnier, auteur dramatique.

Ma femme et mon roi, chanson aut. sig. 6 p. in-12 en travers.

287. DESEINE (Mlle), actrice de la Comédie-Française, femme *Quinault Dufresne.*

Copie de la lettre écrite à messieurs de l'Académie française par mademoiselle Deseine, réfugiée en Flandres pour échapper à l'exécution d'une lettre de cachet dirigée contre elle. 9 mars 1735. 11 p. pl. et demie in-8. Ecriture du temps. Plus (d'une écriture moderne), table des noms cités dans cet écrit.

Sur les mœurs des artistes et des habitués du théâtre à cette époque. —

Contre les grands personnages de ce temps, et les différents membres de l'Académie française.

288. DESFOURNAUX (le général), commandant l'armée du Nord, à Saint-Domingue.

Cinq lett. aut. sig., adressées à Sonthonax et à Gassonville (au bas de l'une se trouvent trois lignes, aut. sig. de Sonthonax). Quartier général du Cap. An V. 6 p. in-4.

289. DÉSIRÉE BERNADOTTE, reine de Suède.

L. aut. sig., à madame la baronne Fanny de Lambert, à Paris, 30 mai 1821. 4 gr. p. pl. in-4. Intéressante.

290. DESLANDES DE LANCELOT (Mme), nourrice de M. le comte de Provence (depuis Louis XVIII).

Deux lett. aut. sig., à Mer... Versailles, 1772. 4 p. in-4.

Sercey (Madame la marquise de), ancienne 1re gouvernante des enfants de France. L. aut. sig. Paris, 12 août 1828. Demi-p. in-4.

291. DESMOULINS (Camille), conventionnel.

Pièce signée : *Camille Desmoulins, député, commissaire de la Convention à la manufacture d'assignats d'Essonne*. signée aussi par Léger Didot, Firmin Didot, Frédéric Gambe, Jacques-Louis Piat, Claude Randoin, Villenaire et Dervin. Vingt-deux du 1er mois de l'an II. 3 gr. p. in-fol. (Parfaite conservation.)

La Convention nationale vient de rendre un décret qui ordonne l'arrestation de tous les sujets de la Grande-Bretagne qui sont actuellement dans l'étendue de la République. Camille Desmoulins a été délégué par la Convention pour se rendre à la papeterie d'Essonne, dirigée par Léger Didot, dont la femme est anglaise, afin de procéder à l'arrestation des sujets britanniques qui peuvent s'y trouver employés, et il s'était fait accompagner par deux citoyens de Corbeil nommés par le Directoire du district de Corbeil.... Il y a, annexé à cette pièce, un extrait du registre des délibérations du Directoire du district de Corbeil pour la nomination des deux commissaires dont il est parlé plus haut. 1 p. in-4.

292. DES PORTES, peintre d'animaux, membre de l'Académie royale de peinture.

L. aut. sig., à M... Paris, 5 octobre 1774. 3 gr. p. pl. in-4. Très-belle lettre. Intéressante.

Au sujet du logement qu'il occupe au Louvre, et où il a passé les quarante-cinq plus belles années de sa vie. Son oncle eut un logement aux Galeries du Louvre en 1699, et l'occupa jusqu'en 1743, que son fils lui succéda; c'est ce logement qu'il désire conserver, et où il a été formé par l'exemple et les leçons de son oncle ...

293. DESTUTT DE TRACY (le comte), idéologue.

L. aut. sig., au citoyen Husard. Auteuil, 30 floréal an X. 1 p. in-4.

294. DIVERS. 4 lett. aut. sig. et 1 pièce sig.

Denina, littérateur et historien. A l'Empereur (minute). An XIII. 2 p. in-fol. — Le Brigant, à Pougens. 1802. 4 p. in-4. Curieuse. — Révellière-Lépeaux, membre du Directoire. 1 p. in-8. — Thouin, naturaliste, 1787. 1 p. in-4. — Mallebranche, conseiller du roi. Pièce sig. 1635. 1 p. in-4.

295. DIVERS, ministres, hommes d'Etat, etc.

Vingt-quatre pièces sig. in-4 et in-fol.

296. DIVERS. 11 pièces sig. et aut. sig.

Lavoisier. Pièce sig. pour ses contributions patriotiques. 1791. 1 p. in-fol. — Rumford (Mme, veuve de *Lavoisier*. L. aut. sig. 1 p. in-8. — Deux lett. de cachet de Louis XV et Louis XVI, contres. Amelot. — Mont Annette de Saint-Jacques, comtesse de Longueville, princesse de. L. aut. sig. 1853. 4 p. in-8. — Prilly, évêque de Châlons. L. aut. sig. 1835. 4 p. in-4. — Rothschild (le baron James de). 3 pièces sig. — Racine (Vve Sauvageot-Ducroisi, arrière-petite-fille de). L. sig. 1835. 1 p. in-4. — Racine (Nicolas-Louis), et Racine (Claude), gentilhomme du prince de Condé. 1694. 2 p. in-4.

297. DIVERS. 24 pièces et lett. sig. et aut. sig.

> CONSTANT (Constant Wairy dit), 1er valet de chambre de Napoléon, — DEFORGUES, ministre des aff. étr. — DELANGLE, jurisconsulte. 2 lett. — DUDON (le baron). 5 lettres. — FERRI-PISANI (le comte), oncle de Louis Blanc. 2 lett. — GONZAGA ou *Gonzagues* de Mantoue (quatre pièces de divers). — GONZAGA (Alex., prince de), duc de Mantoue. L. aut. sig., au prince de Metternich. 1842. 4 p. in-4. — ISOARD (le cardinal). 2 lett. et une lett. sig. du maréchal Sébastiani. — Jeannin de Cève Saint-Michel, conseiller à la Cour impériale de Turin, se prétendant parent du président Jeannin. 2 pièces.

298. DIVERS, anglais, ministres, pairs, etc.

> ABERCROMBY. — LARDENER (le docteur Dionysius), jurisconsulte irlandais. 2 lett. — NAPIER (sir Charles). — NORMAMBY (Henri-Constantin, lord). — BARING (Henri). — BLAYNEY (lord). — DEVON (lord). Ensemble, huit lett. et billets aut. et aut. sig.

299. DIVERS, écrivains sur les beaux-arts, personnages divers, financiers. 16 lett. aut. sig. et 7 pièces sig.

> AYEN (le duc d'). — BOULAINVILLIERS (le marquis de). — BOULAINVILLIERS DE CROY, marin. 1773. — CAILLEUX. — DEMIDOFF (le comte Anatole). — FORBIN (le comte de). Deux lett. — FRONSAC (le duc de). 1774. — HOSPITAL (de La Roche de l'). Pièce sig. (sur parch). 1577. — HOSPITAL (Jean de l'). Deux pièces deux fois sig. (sur parch). 1563. — HOLDAR DE LAMOTTE. Quitt. sig. 1777. — KOSSUTH (Louis). Sa signature découpée. — MARCHAND, valet de chambre de Napoléon. — — MESNARD (le comte de), 1er menin de Mme la duchesse de Berri. Deux lett. aut. sig. 4 p. in-4. — MESNAGE. L. aut. sig. — MONTABERT 1641. — ORSAY (le comte A. d'). — OUVRARD (Julien). Deux lett. et pièce. — SICARD (l'abbé).

300. DONIZETTI (Gaetano), célèbre compositeur dramatique.

> L. aut. sig. (en italien), à Benelli. 1. p. in-4. Portr. lithographié et biographie imprimée de la Galerie de la Presse.
>
> Relative à des changements qu'il indique à faire dans un de ses opéras. « Mlle Grisi est satisfaite de la cavatine. »

301. DORAT CUBIERES (Cubières-Palmézeaux, dit), poëte.

> 1° Billet aut. sig. : *Cubières-Palmézeaux.* 23 juillet. 2. p. in-18.
>
> 2° L. aut. sig. : *Dorat-Cubières*, comme secrétaire greffier de la commune de Paris. 25 du premier mois de l'an II. 1 gr. p. pl. in-fol. Tête imprimée de la commune de Paris. Vignette.

302. DOYEN (Gabriel-François), peintre, élève de Carle Vanloo.   N. 1726. M. 1808.

> L. aut. sig., à M. Auguste Morillon. 22 juin 1785. 3 p. pl. in-4. Rare. Intéressante.
>
> Il le sollicite vivement en faveur du jeune Morillon, son élève, que ses parents abandonnent ... Il a entendu parler de lui comme d'une personne bien respectable et vertueuse, « ce qui est bien rare dans un tems ou les mœurs sont dans « le plus grand désordre, où la charité ne se fait que par vanité, ou l'on n'ob- « tient pour les pauvres des secours qu'en donnant des bals, des comédies, des « concerts pour assister le malheureux.... » Le jeune homme serait secouru à la condition qu'il ne fera jamais de tableaux scandaleux.....

303. DREUX BRÉZÉ (le marquis de), grand-maître des cérémonies au moment de la révolution.

> L. aut. sig., à M. ... Paris, 25 sept. 1772. 2 p. in-4.
>
> DELALIVE, introducteur des ambassadeurs. L. a. s. 1817. 1 p. in-8.

304. DROLLING (Michel-Martin), célèbre peintre d'histoire et de portraits, élève de son père et de David.

Né en 1786.   Mort en 1851.

1° L. aut. sig., à son père, à Paris. Rome, 9 novembre 1812. 2 gr. p. pl. in-4. Curieuse.

2° Fragment d'un album de poche, rempli de dessins et de notes aut., au crayon. 17 feuillets, ou fragments de feuillets.

5. DROUOT (le général de division, comte).

Deux lett. aut. sig. Nancy, 1831. 3 p. in-4.

DAMRÉMONT (le général, comte de), tué devant Constantine. Deux lett. aut. sig. 2 p. in-8 et in-4. — DAMRÉMONT (la comtesse de), femme du précédent. L. aut. sig. 1 p. in-8.

6. DUBOCCAGE (Anne-Marie *Lepage*), poëte.

Née en 1710.   Morte en 1802.

1° L. aut., au comte Algarotti. Naples, 10 octobre 1757. 2 gr. p. pl. in-4. Curieuse.

Au sujet de son séjour en Italie, de son projet de voyage à Rome, etc.

2° L. aut., au même. Paris, 1er mai 1761. 4 p. pl. in-4.

Très-intéressante lettre littéraire. Elle le complimente sur ses ouvrages, sa *Vie d'Horace*, sa traduction des *Incas*, ses lettres sur le commerce, sur le roi de Prusse, sur la guerre et sur Virgile... Il trouvera, à son retour à Paris, une prophétie sur Rousseau à l'occasion de son roman qu'on dit être faite par un homme qu'il connaît peut-être, M. de Bordes de Lyon, et un rescript de M. de Voltaire de la part de l'Empereur de la Chine sur le projet de paix perpétuelle du même Rousseau, fait sur celui de l'abbé de Saint-Pierre, « qui propose un « congrès général et continuel pour régler à l'amiable toutes les affaires des « princes de l'Europe : s'il étoit possible de leur trouver en même temps un « moment de sens commun pour les faire consentir d'y envoyer leurs députés, « il ne seroit pas impossible ensuite, il me semble, de les forcer à ne se point « ruiner pour en revenir presque toujours au même point dont ils partent.... » Nouvelles de l'Académie française, au sujet du remplacement des cinq places vacantes par l'abbé Le Batteux, l'évêque de Limoges, l'abbé Trublet, Saurin, et le prince Louis de Rohan. — Leur réception par le duc de Nivernois.

307. DUCHESSES. 6 lett. aut. sig. et 1 pièce sig.

AIGUILLON (Marie-Madeleine-Thérèse de Vignerod, duchesse d'). Pièce sig. 1682. — AIGUILLON (Crussol d'). — ÉLBEUF (de Rougé d'). — OTRANTE. — ROVIGO. — UZÈS. 1819.

308. DUCIS (Jean-François), poëte dramatique.

1° Quittance aut. sig. Versailles, 14 janvier 1811. in-8.

2° L. aut. sig., à Soldini. Paris, 17 vendémiaire an XIV. 3 p. in-4.

Il lui fait le compte de l'emploi d'une semaine. Il est fort en état de travailler au cinquième acte de sa tragédie d'*Hamlet*. Tout a été fixé dans le travail qu'il a fait à Brunoy chez Talma, avec lui et Lemercier, son jeune ami....

309. DUCIS, peintre, neveu du poëte.

1° L. aut. sig., à Granet, peintre. 1 p. in-8.

2° Croquis original (à la plume), du tableau représentant son oncle, destiné à la mairie de Versailles. 1 gr. p. in-4. La lettre qui précède est relative à cette ébauche.

310. DUFOURNY DE VILLIERS, architecte de Paris. Ardent révolutionnaire, il devint membre de l'administration du département de Paris. Ayant encouru l'inimitié de Robespierre, il ne dut son salut qu'au 9 thermidor.

Compte rendu d'une machine propre à élever de très-grands fardeaux, tels que des statues, etc. 2 gr. p. et demie in-fol.

311. DUMANIANT, littérateur, auteur dramatique.

Deux lett. aut. sig., à son ami Raymond. Saint-Amant et Bourges, octobre 1821. 4 gr. p. pl. in-4.

CREUSÉ DE LESSER, poëte. L. aut. sig. an XIV. 1 p. in-4.

312. **DUMAS** (Alexandre), romancier, auteur dramatique.
> A ma bonne Sarah, duchesse d'Etampes. Vers aut. sig. 1 p. in
> fol. — Vue et description de Monte-Cristo.
> DUMAS (Ida-Joséphine, *Ferrier*) actrice du Théâtre-Français, femme
> du précédent. L. aut. sig. 1 p. in-12.

313. **DUMAS** (Alexandre), romancier, auteur dramatique.
> Trois lett. et billets aut. sig. in-12. Fac simile.
> DUMAS (Mme Ida), femme du précédent. L. aut. sig. 1 p. in-8.

314. **DUMONT**, prisonnier pendant 34 ans à Alger.
> L. aut. sig., à M. de Saint-Paulin. Versailles, 1823. 1 p. in-8.
> « Sai moi qui a hu lhoneur de vous prézantés le livre de ma captivité pendan
> « 34 ens en Barbary... »

315. **DUMOURIEZ**, général en chef de l'armée du Nord.
> 1° Trois lett. aut. sig., dont une écrite à l'age de 83 ans. 1779
> 1814. Ensemble, 3 p. in-8 et in-4.
> 2° L. sig., comme général en chef de l'armée de la Belgique, au pré-
> sident de sûreté générale. Mons, 10 nov. 1792. 1 p. in-fol.
> Il lui adresse un portefeuille et une petite boîte d'effets appartenant au ci-
> devant archevêque de Cambrai. Il sera un peu étonné des meubles de ce digne
> prêtre.....

316. **DUPIN** aîné, procureur général, de l'Académie française.
> Deux lett. aut. sig. 1837. 2 p. in-8 et 3 p. in-4.
> DUPIN (le baron Charles). Trois lett. aut. sig. 3 p. in-8 et in-4.
> DUPIN (Philippe), avocat. L. aut. sig. 1 p. in-8
> DUPIN, père du précédent. L. aut. sig. 1 p. in-4.

317. **DUPONT** (de l'*Eure*), député, ministre de la justice.
> 1° Deux lett. aut. sig. 1830 et 1832. 1 p. in-8 et 3 p. in-4.
> 2° Minute aut. d'un discours inséré dans la nouvelle Minerve. Paris,
> 30 août 1835. 15 p. in-4.

318. **DUPUIS** (Charles-François), auteur de l'*Abrégé de l'ori-*
> *gine de tous les cultes*, membre de l'Institut.
> L. aut. sig., à M. Perrier, à Mantes. Paris, 4 février 1807. 1 p.
> in-4. Curieuse.

319. **DUTHÉ** (Mlle Rosalie *Gérard*, dite), danseuse de l'Opéra.
> L. aut. sig., à M. Perregaux. Sans date. 1 p. in-8.

320. **DUTHÉ** (Mlle Rosalie *Gérard*, dite), danseuse de l'Opéra.
> L. aut. sig. D., à M. Perregaux. Sans date. 1 p. in-8.
> Au sujet de la vente de sa maison dont elle veut avoir six mille livres.

321. **DUVERNEY**, banquier de la cour de Louis XVI.
> L. aut., à Mme Ducoudray. Ecrit à la prison du Temple, dans le
> cabinet de Marie-Antoinette. Dimanche. 3 p. petit in-8.
> C'est du Temple, où il est enfermé, qu'il répond à sa lettre que sa position a
> pu lui dicter, mais à laquelle il est incapable d'offrir aucune satisfaction. Il croit
> bien qu'elle souffre, mais il souffre davantage de ses peines et des siennes. —
> Il arrive au point où tous les chagrins accumulés sur sa tête le rendent à peu
> près émoussé contre les menaces....

322. **ECOLE DES VIEILLARDS** (l').
> Pièce signée de Casimir Delavigne. Paris, 6 déc. 1823. 1 p. in-4.
> Pouvoir à M. André Etienne Bequet... « de vendre pour moi et en mon nom
> « le manuscrit intitulé l'*Ecole des Vieillards*, jouée aujourd'hui 6 décembre 1823,
> « au premier Théâtre-Français, aux conditions et clauses qu'il lui plaira de
> « fixer. »
> CHÉNIER (Marie-Joseph), orateur, poète et écrivain classique. Bon
> aut. sig., pour deux personnes aux secondes loges, quatrième repré-
> sentation de la reprise de Calas. Le 7 pluviôse an IV.
> SUE (Eugène), célèbre romancier. L. aut. sig., à M. Chapuis. 1 p.
> pl. in-8. Littéraire.

323. ECONOMISTES. 7 lett. aut. sig.   *1*
ELIE DE BEAUMONT. Demi-p. in-8. — DU PONT (de Nemours). 1
p. in-4. — MONNERON (Louis). Nantes, 18 fructidor an VIII. 1 p.
in-4. — MOROGUES (Bigot de). 2 lett. aut. sig. 4 p. in-4 et in-fol. —
PARMENTIER. 1809. 1 p. et quart in-4. — TOCQUEVILLE (Alexis de).
— TOCQUEVILLE (le comte de). 1814. 3 p. in-4.

324. ECROUE de la dépense de bouche des écuries du roi,   *5.£*
que Sa Majesté a commandé et ordonné par ses Etats
arrestés le 1er janvier 1741.
Pièce signée par le roi, le 1er janvier 1742, et contresignée par le
comte de Braque. Deux pages (sur parchemin (très-grand in-fol. Curieuse pièce.

325. ELISABETH DE FRANCE (Mme), sœur de Louis XVI.   *80*
L. aut., à son amie ... 18 mars 1791. 2 gr. p. pl. et tiers in-4.
Belle et intéressante lettre.
Elle profite du départ de M. de Chamisot pour lui dire mille choses. Elle est
infiniment inquiète du parti que va prendre son frère, elle croit que les conseils sages qui lui ont été donnés ne sont point suivis, le peu d'ensemble, d'ac-
cord qu'il y a dans toutes les personnes qui devraient être liées par un lien
indissoluble, tout la fait frémir. Elle voudrait ne voir dans tout cela que la volonté de Dieu, mais elle lui avoue qu'elle y met souvent de la personnalité.
« J'espère que M. de Firmonts (l'abbé Edgeworth de Firmont) me fera atteindre
« par ses conseils à ce point si nécessaire pour ce sauver. Vous jugés d'après
« cela que c'est lui qui a remplacés l'abbé Madier, dans ma confiance. Je me
« suis confessés hier, j'en ai été parfaitement contente, il a de l'esprit, de la
« douceur, une grande connoissance du cœur humain, j'espère trouvés en lui ce
« qui me manquoit depuis longtemps pour faire des progres dans la piétés. Re-
« mercie le ciel pour moi mon cœur, de ce que par un trait particulier de sa
« providence il me l'a fait connoitre...... Tu pense bien que ta princesse a été
« embarrassée comme un chien, d'autant qu'elle a éprouvé toutes les infortunes
« possible. Imagine toi que M. Navare la fait entrés dans mon cabinet sans m'a-
« vertire je n'étoit point dans ma boëte, nous sommes restés aussi sot l'un que
« l'autre à nous regarder, moi ne sachant que dire, enfin j'ai été cherchés mon
« coqueluchon pour me tirer d'embaras, et je suis revenus me mettre dans mon
« confessional, je n'ai pas été longtemps embarrassée, et je crois que je ne le
« serai plus.... Tout est à peu près de même, les méchants s'amuse à nos dé-
« pents, les bons sont bêtes, la France est prête à périr, Dieu peut seul la sauver,
« j'espère qu'il le voudrat..... » etc., etc.

326. EPINAY (Louise-Florence-Pétronille Tardieu d'Escla-   *5.2/*
velles, de Lalive d'), femme célèbre, amie de Voltaire
et de J.-J. Rousseau.   N. 1725. M. 1785.
2° Quitt. de 4 lig. aut. sig. Paris, 23 janvier 1768. Quart de p. in-4.
2° L. aut., à M. d'Epinay, son mari, 19 août. 1 p. pl. in-8.
Lettre touchante, relative à l'arrangement de leurs affaires, et à l'interdiction
que la famille était en train de poursuivre contre son mari, qui était un dissi-
pateur sans discernement.

327. ESPIAUD, médecin de la princesse Pauline Bonaparte,   *5.£*
membre de l'Académie de médecine.
Quatre lettres aut. sig., datées de Paris, Marseille et Porto-Ferrajo,
1815. Ensemble, 12 p. in-8 et in-4.
Relative aux événements de 1815, et aux affaires d'intérêts de la Princesse.

328. ESTREES (Diane d'), sœur de la célèbre Gabrielle.   *1*
Pièce notariée deux fois signée. 3 p. in-fol.
ANTIN (d', abbesse de Fontevrault. L. sig. 1782. 1 p. in-4. — SALM
(Dorothée de), abbesse de Remiremont. L. aut. sig. 2 p. in-8. — THOU
(Anne de), abbesse de Saint-Antoine-des-Champs de Paris. Quitt. sig.
(sur parch.). 1585.

329. ETAUX à vendre chair de la ville et faubourgs de Paris,   *1*

au cimetière Saint-Jean, et à la porte Saint-Denis, en
1694.

Trois actes notariés pour la vente de ces étaux et établissant leur
origine, signés par les ministres et intendants des finances : Pussort, Claude Le Peletier, François d'Argouges, Louis Phélypeaux de
Pontchartrain, Michel Le Peletier, Le Tonnelier de Breteuil, Heudebert, du Buisson, Lefèvre de Caumartin, Michel Chamillard, et Fleuriau
d'Armenonville. Ensemble, 21 p. in-fol.

330. **EUGENE DE SAVOIE** (le prince), généralissime des
armées de l'empereur d'Allemagne.

Ordre de marche signé en allemand. 1702. 2 p. in-fol. *Portr*.

TROISIÈME VACATION.

Samedi 17 avril 1858. — Nos 331 à 495.

331. **EVEQUES ET ARCHEVEQUES.** 10 lett. aut. sig.

CHARTRES (P. Ev. de). 1773. 1 p. in-4. — FEUTRIER, év. de Beauvais 1829. 1 p. in-8. — GRÉGOIRE (Henri), év. de Blois. Deux lett.
4 p. in-fol. et in-4. — GUILLON, év. de Maroc. 1 p. in-4. — MAUVIEL,
5 p. in-4. (Incomplète.) — MINÉE, év. de la Loire-Inférieure. Nantes,
an Ier de la République. 2 p. in-4. — ORLÉANS (Jarante de la Bruyère,
év. d'). 1775. 2 p. in-4. — PRADT, arch. de Malines. 2 p. in-4. —
RIVET, év. de Dijon. 1 p. in-4.

332. **EXECUTEURS DES HAUTES OEUVRES.**

BOURCIER, exécuteur des jugements criminels avec Sanson. L. sig.,
aux citoyens administrateurs composant le Directoire du département
de Versailles. 1 p. in-fol.

REINE (Henri), exécuteur des hautes œuvres de Versailles. L. sig.,
à M. le procureur du roi de Versailles. 6 janvier 1840. 2 gr. p. in-fol.

Nécessité de faire paver la place où se font les exécutions, comme cela a eu
lieu à Paris, à la place Saint-Jacques. Motifs longuement développés. (A cette
lettre se trouve jointe une note intéressante aut. sig. de M. A. Magné, datée de
Versailles, le 14 octobre 1847 [2 p. et demie in-4], qui donne des détails intéressants sur la famille de Sanson, et qui dit que la lettre de Reine a été écrite
par Henri Sanson, dernier du nom, exécuteur des arrêts criminels du département de la Seine.)

REINE (Henri). *Le même*. L. aut. sig., à M. l'architecte... Rouen,
27 novembre 1853. 2 p. in-4.

Au sujet du prix de transport de l'instrument de mort de Versailles à Rouen.

SANSON, exécuteur des hautes œuvres pendant la révolution. L. aut.
sig., aux citoyens administrateurs du département de Seine-et-Oise.
1 p. in-fol.

Il les prie de prendre en considération que depuis plus de deux ans qu'il
remplit les devoirs de sa place, sans avoir de traitement, attendu enfin qu'il est
obligé de résider à Versailles, il se trouve dans l'impossibilité de louer un logement. « Comme cela n'est pas très conséquent, il espère que vous voudrez
« bien lui en accorder un;.... » A la suite se trouve une longue note signée de
Couturier, régisseur des domaines et bois de Versailles, en date du 7 septembre 1793, qui établit que le citoyen Sanson est forcé de résider à Versailles,
qu'il ne peut trouver à se loger dans la ville qu'à très-grands frais, qu'il est
obligé de tenir maison à Paris, et que son traitement pour ses expéditions n'est
pas assez fort pour multiplier ses dépenses..... et qu'un petit logement vacant
aux écuries de la femme de feu Capet, dans l'enceinte de la maison d'arrêt, ne
peut convenir qu'à lui....

SANSON (Henri), dernier exécuteur de ce nom. L. aut. sig., à M. de
Saint-Geniés. 23 mars 1842. 1 p. in-8. Cachet.

Avis d'une exécution pour le lendemain à huit heures très-précises.

333. FABRE D'EGLANTINE, comédien, auteur dramatique, conventionnel.   Mis à mort en 1794.
L. aut. sig., comme représentant du peuple à l'armée des Pyrénées-Orientales (signée aussi par Gaston). Port-Vendre, 12 frimaire an II. Demi-p. in-4.

334. FABRE D'EGLANTINE, comédien, auteur dramatique, conventionnel.   Mis à mort en 1794.
L. aut. sig., à madame d'Eglantine (sa femme), à Genève. Lyon. 16 septembre 1783. 1 gr. p. pl. in-4. Cachet.
L'affaire pour laquelle il est à Lyon n'est pas terminée. Elle ne saurait croire combien il tracasse, combien il se donne de mouvement, et d'autant plus que rien ne doit paraître. Il est inouï les pas qu'il fait depuis trois jours, et les tournures qu'il faut prendre, mais aussi le prix sera grand. Dieu conduise la barque et la mène à bon port. Les gens qui peuvent, veulent; ceux qui voudraient ne peuvent rien.... « Sois tranquille et joyeuse; je t'aime comme mes « yeux. Par le but que je me propose je sens combien tu m'est cher .... »

335. FABRE D'OLIVET, litt. et aut. dram. N. 1768. M. 1825.
L. aut. sig., au citoyen Rœderer, rédacteur du *Journal de Paris.* 27 thermidor, an IV. 1 p. in-4. — Plus, lettre imprimée des aveugles-travailleurs, 1 p. in-4.
Au sujet de son projet de faire paraître des aveugles sur la scène, aussi n'avait-il pas entrepris de le faire dans un drame où l'action aurait exigé un jeu plus compliqué de la part des acteurs; « mais j'ai pensé que des scènes épiso- « diques, où j'introduirais les personnages fameux qui ont été privés de la vue, « pourraient être facilement rendus par des aveugles.... » C'est sur ce plan qu'il a élevé l'ouvrage qu'il lui adresse....

336. FABRE PALAPRAT, médecin, grand-maître de l'ordre des Templiers.
L. aut. sig., au docteur Leduc. Paris, 21 nov. 1825. 1 p. in-4.
Saint-Simonniens. CHEVALIER (Michel). L. aut. sig. 1842. 2 p. in-8.
— ENFANTIN (le père). L. aut. sig. 1844. 1 p. in-8.

337. FABULISTES. 6 lett. et pièces aut. sig.
BRÉCIER, président de l'Académie de Dijon. 1846. 4 p. in-8. — AUBERT (D.). *La Linotte et son nid.* Fable aut. sig. 2 p. in-4. — GELLERT. Deux lig. aut. sig. (en allemand). Leipzig, 1765. in-18. — JAUFFRET. Marseille, 1817. 2 p. in-4. — LE BAILLY. 1816. 2 p. in-fol. — STASSART (le baron de). 1 p. in-8,

338. FELETZ (l'abbé), littérat., membre de l'Acad. française.
Deux lett. aut. sig. 1812. 3 p. in-4.

339. FELLENBERG (Emmanuel de), agronome, fondateur de l'Institut de Hofwyl.
1º L. sig., à M. G. de Gispert. 1843. 2 p. in-8. *Portr.* in-fol.
2º L. aut. sig. Hofwyl. 1826. 1 p. in-4.
FRAEHN (Chrétien-Martin), orientaliste, numismate. L. aut. sig. Saint-Pétersbourg, 20 novembre 1843. 1. p. in-4.
NESSELRODE (le comte). L. sig. Saint-Pétersbourg. 1826. 2 p. in-fol.

340. FÊTE NATIONALE DU 10 AOUT.
Pièce aut. sig. *Listki,* sur la célébration de la fête nationale du 10 août de l'an VI dans la commune de Varennes. 1 p. in-4.
FÊTE NATIONALE DU 18 FRUCTIDOR DE L'AN VI dans la commune de Varennes. Pièce aut. sig. *Listki.* 1 p. in-4... *La cérémonie s'est ter- minée par le chant de différentes hymnes patriotiques, et les citoyens satisfaits se sont retirés en paix.*
FÊTE NATIONALE DU 10 FRUCTIDOR AN V, A PONTOISE (Relation offi- cielle de la, signée Delacour et Perraut. 2 p. in-4.
A cinq heures de l'après-midi, le cortége précédé de jeunes citoyens désignés par l'administration, pour orner de feuillage les portes de deux vieillards recom- mandables « par leurs travaux et leur conduite, s'est mise en marche au milieu

349. **FOUQUIER TINVILLE,** accusateur public du tribunal révolutionnaire de Paris.   Mis à mort en 1795.

   1º Pièce sig. Paris, 6 prairial en II. Demi-p. in-4. Cachet.
   2º L. aut. sig., aux administrateurs du département de Seine-et-Oise, à Versailles. Paris, 1er ventôse an II. 1 p. in-4.
   Au sujet de la mise en jugement du nommé Maussion, ancien intendant de Rouen.

350. **FRANCOEUR,** géomètre, de l'Académie des sciences.

   1º L. aut. sig., à M. Christophe. Paris, 22 déc. 1842. 1 p. in-4.
   2º L. aut. sig., à M. de La Ferté. Paris, 22 déc. 1816. 4 gr. p. pl. in-f.

351. **FRANÇOIS Ier,** roi de France.

   1º Pièce sig. (sur parchemin). 11 février 1526.
   2º Pièce sig. (sur parch.). 26 sept. 1540.
   3º Pièce sig. (sur parch.). Paris, 1er mai 1535.

352. **FRANKLIN** (Benjamin).   N. 1706. M. 1790.

   1º L. sig. (en anglais), signée aussi par *Arthur Lee* et *John Adams*, à M. de Sartine. Passy, 17 nov. 1 p. in-fol. (Fortement mouillée et incomplète.)
   2º L. sig. (en anglais), à M. de Vergennes. Passy, 20 avril 1783. 1 p. in-fol. Bonne conservation.

353. **FRÉDÉRIC II,** roi de Prusse, dit *le Grand.*

   L. sig., à M. de Grapendorff. Potsdam, 29 mars 1780. Demi-p. in-4.
   HENRI DE PRUSSE, frère du précédent. L. sig. Toplitz, 14 juillet 1801. Demi-p. in-4.
   FRÉDÉRIC-GUILLAUME, roi de Prusse. 1º L. sig. Berlin, 21 janvier 1834. Quart de p. in-4. — 2º Pièce aut. sig. (en allemand), comme prince de Prusse. 1806. in-8.
   FRÉDÉRIC-LOUIS, prince de Prusse. Pièce aut. sig. (en all.) 1806. In-8.
   REINMANN (Julien), gouverneur du prince Frédéric. K. de Hohenzollern. Pièce aut. sig. (en allemand). Berlin, 1806. In-8.

354. **FROMENT MEURICE,** célèbre orfèvre-ciseleur.

   L. aut. sig., à M... 17 mai 1841. 3 gr. p. in-4.
   « Bravo, mon cher ami, voilà comment on parle de la ciselure! De cet art qui
  « sous Philippe-le-Hardi, en 1500, valoit à l'orfèvre Raoul des lettres de noblesse,
  « — à Cellini, sous François Ier, la donation du château de Nesle, et le titre
  « de seigneur de Nesle qui y étoit attaché; — sous Louis XIV, à Claude Bassin,
  « d'immenses richesses, l'amitié du g. roi et celle de Richelieu; — sous Louis XV,
  « à Pierre Germain et Thomas Germain, de grands honneurs et de grands biens,
  « à Thomas Germain, surtout, l'auteur du magnifique ostensoir qu'il cisela pour
  « le sacre du Roi, un appartement au Louvre.... Qu'il y a loin de tous ces hon-
  « neurs et de toutes ces richesses, au sort de ce pauvre Fauconnier, notre
  « maître à tous, le maître de Barye et de tant d'autres, de Fauconnier mort il
  « y a quatre ans dans une si profonde misère.... »
   PRADIER (J.), statuaire, membre de l'Institut.
   L. aut. sig., à M. Robert. 1 p. in-4.

355. **GABRIEL** (Jacques-Ange), célèbre architecte, chargé de l'achèvement du Louvre.   N. 1710. M. 1782.

   L. aut. sig., à son père. Marly, 18 déc. 1766. 2 p. in-4.
   Au sujet de l'appartement destiné à M. de Marigny.
   GABRIEL (Jacques), père du précédent, architecte du roi. N. 1667. M. 1742. État signé des travaux du château de Choisy. 1er avril 1741. 2 gr. p. pl. et demie in-fol.

356. **GANNAL** (Jean-Nicolas), chimiste, célèbre auteur d'un procédé pour la conservation et l'embaumement des corps.   N. 1791. M. 1852.

   L. aut. sig., à M... Paris, 15 octobre 1845. 1 p. pl. in-4. Cachet.
   — Feuilleton de M. Jules Janin (*Journal des Débats* du 26 janvier 1852), à l'occasion de la mort de M. Gannal.

Dolomieu (madame la marquise de), dame d'honneur de la reine Marie-Amélie. L. aut. sig., à M. Gannal. 1842. 2 p. in-4.
Au sujet de l'embaumement du duc d'Orléans.

357. GARAUDE (A. de), compositeur de musique.
L. aut., à Viotti. Paris, 27 déc. 1819. 1 gr. p. pl. in-4.
Au sujet de la musique qu'il a composée pour *La Lyre enchantée*, poëme en un acte, de Vial.
Garaudé (Albert de), fils. L. aut. sig. 1 p. in-12.

358. GAVARD, inventeur du *diagraphe* et du *pantographe*, éditeur des *Galeries historiques de Versailles*.
1° L. aut. sig. 1 p. in-8. — 2° L. aut. sig. 1 p. in-8.
3° De la gravure du musée de Versailles. Description aut. sig. de la publication de ce grand ouvrage. 4 gr. p. in-4.
Croce Spinelli, célèbre bijoutier. L. aut. sig. 1844. 1 p. in-8.

359. GAY (Mme Sophie), poëte, romancière.
1° L. aut. sig. 1 p. in-8. — *A un exilé*. Vers aut. sig. in-8.
2° *A madame la princesse* dona *Anna. Le jour de la sainte Anne.* Vers aut. sig. Versailles, 28 juillet 1846. 1 p. in-fol.
Gay (mademoiselle Delphine), madame Emile de Girardin, fille de la précédente, poëte. L. aut. sig., à M... Paris, 1 p. in-12.

360. GAZETTE DE FRANCE.
Collection d'articles autographes de l'auteur des lettres de la voisine Colnet). 21 dossiers, dont : Anniversaire de juillet. — La naissance du comte de Paris. — Articles politiques. — Articles de théâtre. — Revue d'ouvrages nouveaux. — Observation du dimanche. — Les infortunes d'un chemin de fer. — Chute d'un auge, de M. de Lamartine, etc., etc.

361. GAZETTE DE FRANCE.
Collection d'articles autographes sur l'Italie et la littérature italienne, signée *Luigi Cecconi* (1838). 8 dossiers, dont : Souvenirs d'un poëte italien. — La couronne de fer. — Naples. — Une nuit à Venise. — Sur les rapports de l'Orient avec l'Italie dans les temps anciens et modernes. — Etudes sur le Tasse, etc.

362. GAZETTE DE FRANCE.
Collection d'articles autographes de divers rédacteurs de ce journal (1828). 14 dossiers.

363. GAZETTE DE FRANCE.
Articles, ou fragments d'articles autographes de M. Nettement. 10 dossiers, dont : Sur l'état actuel de la religion anglicane. — Sur Bossuet. — Etudes historiques sur l'histoire de la révolution de France de M. de Conny. — Une lecture du mariage de Figaro. — Sur l'Encyclopédie nouvelle. — Sur lord Byron, etc.

364. GAZETTE DE FRANCE.
Collection d'articles autographes de divers rédacteurs de ce journal (année 1838). 26 dossiers, dont : Petits articles politiques. — Sur l'histoire de France sous Louis XIII de M. Bazin. — Etat de la presse parisienne. — Sur la galerie de M. le comte d'Espagnac. — Sur l'alliance anglaise. — Sur les mémoires d'un touriste. — Sur les souvenirs d'un enfant du peuple. — Poëtes persans. — Sur les opérations militaires des carlistes en Espagne, etc., etc.

365. GENERAUX. 14 lett. aut. sig.
Beauvoisin. — Bedoc. Deux lett. — Bellavène. Deux lett. — Berthier (Léopold). — Bessières. — Bonnard. — Bourmont. Deux lett. et notes aut. — Campredon. — Canclaux. Deux lett. — Caulaincourt (A.).

366. GENERAUX. 10 lett. aut. sig.
Chasseloup-Laubat. — Chappuis. — Cugnet. — Curtot. Trois

lett. — DALTON. — D'ANDIGNÉ. — DARNAUD. — DARODES. — DELORT.
— ESPRIT. Trois lett. — GALBOIS. — JACOBÉ. — HULIN. — LA BA-
ROL'ÈRE. — LACOSTE.

367. GENERAUX. 14 lett. aut. sig.
LAFAYETTE. — LAMARQUE. — LECLERC. — LEFEBVRE-DESNOETTES. —
LIÉBERT. — MARBOT. Deux lett. — MIOLIS. — PETIT. — PETIT,
gouverneur des Invalides. — POMMEREUL. — RAMPON. — RAPP. —
RIVAUD.

368. GENERAUX POLONAIS. 7 lett. aut. sig., et une sig.
BEM. — DWERNICKI. Deux lett. — PLATER. — RAMORINO. — SOLTYK
(Stanislas), sénateur. — SKRIZYNECKI. — ZAIACZEK. L. sig., 1819.

369. GENERAUX FRANÇAIS avant la révolution et autres.
Quarante-quatre pièces sig. et aut. sig. in-4 et in-fol.

370. GENES (documents historiques sur la ville de).
1º Instructions du Comité de salut public; aux représentants Garan
et Saliceti, relatives à la marche à tenir pour l'armée d'Italie sur le
territoire de Gènes, et les ménagements diplomatiques à prendre, etc.
etc. 2 vendémiaire an III. 5 gr. p. pl. in-fol., tête imprimée, avec la
belle vignette de Garneray par Queverdo : signée par Delmas, Carnot,
Fourcroy, Charles Cochon, Treilhard, Merlin (de Douai), R. Lindet.
2º Projet d'arrêté relatif a Gènes, proposé au Directoire exécutif et
signé par Faipoult. 2 p. et demie in-fol.
3º DE LACROIX (Ch. de), ministre des affaires étrangères. L. sig.
10 floréal an IV. 1 p. in-4.

371. GENLIS (Mme la comtesse de).   N. 1746. M. 1831.
1º Fin d'un fragment littéraire terminé par douze vers aut. sig.
Demi-p. in-4.
2º Deux fragments aut. de ses ouvrages. 4 p. in-4.

372. GEOFFROY-SAINT-HILAIRE, naturaliste.
Deux lett. aut. An VI et 1827. 4 p. in-4.
GEOFFROY-SAINT-HILAIRE (Isidore). L. aut. sig. 2 p. in-8.
GARNIER (le comte Germain), économiste. 2 lett. aut. sig. 2 p. in-4.

373. GEOLOGUES, MINERALOGISTES, etc. 15 lett. aut. sig.
BEAUMONT (Elie de). Deux lett. — EUDES-DESLONGCHAMS. Deux lett.
— LAURENT (L.) — MORREN. — PRÉVOST (Constant). — RAULIN. —
VIRLET. — CORDIER. — DUFRENOY. — GAILLARDOT. — DESHAYES.
Trois lett. — DOMBASLE (Mathieu de).

374. GEORGES III, roi d'Angleterre.
Sa signature en tête d'une commission (en anglais), contresig. Wey-
mouth. 1779. 3 gr. p. in-fol. Sceau.
GEORGES IV, roi d'Angleterre. Sa signature en tête d'une commission
pour Will. Tripp. 1809. 2 p. in-fol. — Signature découpée, et sig.
découpée de Guill. IV.

375. GESVRES, fils du comte de Tresmes.
L. aut. sig., à M. Hugens, secrétaire d'État du prince d'Orange.
Paris, 18 février 1633. 1 gr. p. in-fol. Cachets et soies.

376. GIRARDIN (Delphine Gay, Mme Emile de), poëte.
Sonnet (sur la marguerite), aut. sig. : *Delphine Gay de Girardin*.
1 gr. p. in-4.

377. GIRODET TRIOSON, peintre d'histoire.
L. aut. sig., à Maussaisse. 2 sept. 181.. 1 p. in-12.
CHARDIN fils. Deux dessins au crayon. Signés.
MARTIN (Jacques-François), peintre du roi. Quitt. sig. (parch.). 1706.
MEISSONNIER. Quatre lignes aut. sig. Au bas d'une lett. aut. sig.
P.-C. (Chéry) adressée au *Constitutionnel*, au sujet de David. 2 p. in-4.

VALADÉ, peintre de l'Académie, élève de Coypel. Mémoire aut. sig.
(à la 3e personne). 1754. 1 p. in-4.

WATELET, peintre. Ordre de payement sig. 1783. 1 p. in-4.

378. GLEIM (Jean-Guill.-Louis), célèbre poëte et fabuliste
allemand.   N. 1719. M. 1803.

L. aut. sig. (en allemand)... 20 mai 1795. 2 p. pl. in-8.

Relative à la révolution française. Horreur que les excès de cette révolution
lui ont inspirée.

379. GODOI (don Manuel), prince de la Paix, premier ministre d'Espagne, favori de la reine.

L. sig. (en espagnol), au ministre Ch. Delacroix. San Lorenzo,
7 novembre 1796. 2 gr. p. pl. 1/4 in-fol. Avec une traduction en
français.

Belle lettre politique, au sujet des événements militaires dont l'Italie est le
théâtre.

PEYRONNET (le comte de), ministre signataire des ordonnances de
1830. Deux lett. aut. sig. 1846. 3 p. in-8.

380. GORECKI (Antoine), célèbre poëte polonais.

Fable épigrammatique aut. sig. (en polonais). 1837. Demi-p. in-4.

381. GOUFFE (Armand), compositeur, professeur au Conser-
vatoire et à l'Opéra.

SICILIENNE, composée et variée pour la contrebasse (op. 11). Aut.
sig. 11 p. in-fol.

382. GOURGAUD ET MONTHOLON (les généraux).

GOURGAUD. L. aut. sig. Paris, 26 déc. 1841. 1 p. in-4.

MONTHOLON. Deux lett. aut. sig. 1 p. in-8. et 1 p. in-4.

383. GRAMMAIRIENS. 8 lett. aut. sig.

BURNOUF, père. — CHAPSAL. Deux lett. — GIRAULT DIVIVIER. —
LAVAU. Deux lett. — LANDAIS (Napoléon). — VANIER.

384. GRANET (l'abbé François), littérateur. N. 1692. M. 1741.

L. aut. sig., à l'abbé Conti. Paris, 18 mai 1725. 4 gr. p. pl. in-4.

Nouvelles littéraires. Publication du P. Desmolets, histoire ecclésiastique de
Fleury, dissertation de M. Bel, conseiller au parlement de Bordeaux, contre
l'abbé Dubos, sur la réponse de l'abbé Conti à Newton, etc.

385. GRAVEURS. 11 lett. aut. sig.

DIEN. — GALLE aîné. — GATTEAUX. 1785. — GATTEAUX (E.). Deux
lett. — GELÉE. — HAWKE. — HENRIQUEL DUPONT. Deux lett. —
JAZET. — LAUGIER.

386. GRAVEURS. 9 lett. aut. sig.

LE BAS (J.-P.). Quitt. sig. 1751. — MICHAUD. Deux lett. —
MULLER. — NÉE. Deux lett. — NORMAND (Charles). — RICHOMME. —
ROSASPINA. — RULLMANN. — Dessins de graveurs à la plume et au
crayon, 6 pièces.

387. GREGOIRE DE TOURS.

Description du manuscrit de Grégoire de Tours de la bibliothèque
de Cambrai. Manuscrit aut. sig. de M. de Failly (la signature a été
biffée). Cambrai, 24 août 1837. 3 gr. p. et quart in-4.

GOLDONI (Charles), auteur dramatique. Extrait. — Copie de ses mémoires, avec une annotation de 8 lignes de la main de M. le marquis
de Fortia d'Urban. 6 p. in-4.

388. GREGOIRE (Henri), évêque de Blois, conventionnel.

L. sig., au rédacteur de la *Quotidienne*. Paris, 4 oct. 1820. 4 gr.
p. in-4.

Un M. du Bouchage qu'il ne connaît pas, et qu'il ne désire pas connaître, a
fait imprimer dans des journaux une lettre où plusieurs fois on lit ces mots :
le *régicide Grégoire*. Le devoir de souffrir chrétiennement n'ôte pas le droit de
repousser la calomnie, et certes, égorger un homme pour le dévaliser, est quel-
fois un crime moins atroce que le calomnier. Un fait prouvé jusqu'à l'évidence,

c'est que le prétendu régicide était absent aux quatre appels nominaux du procès de Louis XVI. C'est que dans un discours imprimé il demanda à la Convention qu'on supprimât la peine de mort, et que Louis profitât le premier du bienfait de la loi. C'est que dans la lettre écrite de Chambéry déposée aux archives, où l'on voulait insérer la condamnation à *mort*, il exigea la radiation de ces mots, qui en effet ne s'y trouvent pas. Ces faits sont indéniables, ils sont actuellement connus dans les deux mondes. Aussi d'après le défi porté à des forcenés de prouver le contraire, ils s'obstinent à répéter l'accusation, dans l'espoir que la répétition tiendra lieu de preuves. « Dans plusieurs écrits j'ai gravé sur leur « front la qualité ineffaçable de lâches et d'infâmes calomniateurs. Vous entendez, M. du Bouchage, lâches et infâmes calomniateurs. Ce signalement vous « est commun..... etc., etc. »

389. GRESSET, poëte, membre de l'Académie française.

1° L. aut. sig. (à la 3e personne), à M. de Boynes, ministre secrétaire d'Etat. Paris, 3 juin 1774. 1 p. in-4.

2° L. aut. sig., au même. 8 juin 1774. 2 p. in-4.

Ces deux lettres écrites en faveur de son neveu sont incomplètes, ayant été coupées à la marge extérieure, jusqu'au quart de l'écriture.

390. GRIMM (Frédéric-Melchior), philosophe et littérateur.

L. aut. sig., à Philidor. Paris, 13 juillet 1780 2 p. in-4.

Le succès que le Polymetrum Saturnium a eu à Londres et à Paris, a fait désirer à l'impératrice de Russie de connaître une composition dont la difficulté vaincue est le moindre mérite.... Elle a fait écrire à un des plus célèbres savants d'Italie, pour lui demander un programme, afin de relever le charme de sa musique par la pompe du spectacle et la représentation exacte des cérémonies religieuses qui l'ont inspiré.

391. GRISAR (Albert), compositeur de musique.

L. aut. sig., à M. Bernard Latte. 2 p. in-8. Musicale.

HENZ (Henri), compositeur. Deux lett. aut. et aut. sig. in-18 et in-8.

HERZ jeune, compositeur. L. aut. sig. (en allemand). 1 p. in-4.

KALKBRENNER (Frédéric), compositeur. L. aut. sig. 1 p. in-4.

KALKBRENNER (C.), compositeur. L. sig. An XIII. 2 p. in-fol.

LISZT. Compositeur. L. aut. sig. (en allemand). 1855. 1 p. in-8.

392. GROUCHY (Emmanuel), maréchal de France.

Trois lett. aut. sig. An VI, 1807 et 1833, à divers. Ensemble, 7 p. in-8, in-4 et in-fol.

393. GUERIN (Pierre-Narcisse), peintre. N. 1778. M. 1833.

L. aut. sig., à Madame Horace Vernet. Naples, 17 juin 1829. 4. p. pl. in-8. Intéressante.

394. GUERRIERS FRANÇAIS, maréchaux, généraux, etc.

ARMANDI (le colonel), auteur d'un ouvrage sur l'emploi des éléphants dans les armées. L. aut. sig. (en italien). 1 p. in-8. — AUPICK (le général), ambassadeur à Constantinople. L. aut. sig. 1845. 1 p.in-8. — BEURNONVILLE (le maréchal). L. aut. sig. An VIII. 1 p. et quart. in-4. — GRAMONT (le duc de), d'abord duc de Guiche. L. aut. sig. 1821. 1 p. in-4. — MONTHOLON (le général, comte). L. aut. sig. 1831. 1 p. in-4. — MOSKOWA (Ney, prince de la), fils, membre du Corps législatif, compositeur. 1849. L. aut. sig. 1 p. in-8. — PETIT (le général), gouverneur des Invalides. L. aut. sig. 1843. 2 p. in-8. — PRÉVAL. Billet aut sig. in-8.

395. GUILLAUME Ier, roi de Wurtemberg.

L. aut. sig. : *Wilhelm*, au prince Kozloffski. Belleonne, à 7 heures, 1820. 2 p. in-8.

WURTEMBERG (Marie, princesse de). Billet de 7 lignes aut. sig. 1838. Demi-p. in-8.

MAXIMILIEN-JOSEPH Ier, roi de Bavière. L. sig. 1816. 1 p. in-4.

396. GUILLAUME CRETIN, poëte, premier chantre de la Sainte-Chapelle de Paris.

1° Notice manuscrite sur sa vie et ses ouvrages. 5 p. pl. et demie in-4.

2º Notice sur le même, aut. de l'abbé Bexon, chanoine et chantre de la Sainte-Chapelle de Paris. 2 p. 1/2 in-8.

397. HARPISTES, PIANISTES ET COMPOSITEURS.
ALKAN. — GORIA (Alex.). GOTFROY. — MÉREAUX (Amédée). — PFEIPFER (Georges). — PRUMIER. — ROSENHAIN.
Dames. BERTINI (Cécile). — BEGUIN (Mlle Salomon, dame). — DILLON (Juliette). — DUCHAMBGE (Pauline). — FARRENC. — MATTMANN (Louise). Deux lett. — PICARD (Adrienne). — PIERSON BODIN. — TARDIEU. — Ensemble, dix-sept lettres aut. sig. Très-beau lot.

398. HEINE (Henri), poëte et littérateur allemand.
L. aut. sig., à Madame... Jeudi. 1 p. pl. in-8. *Portr.* Jolie lettre.

399. HELLENISTES. 9 lett. et pièces aut. et aut. sig.
BOISSONADE. Deux lett. — CHARDON DE LA ROCHETTE. Fin de lettre aut. (en vers). D'ANSSE DE VILLOISON. Quitt. aut. sig. — GAIL. — HASE — LECLERC (Victor). — MATTER. Lettre et quittance.

400. HENRI IV, roi de France.
Deux pièces sig. (sur parchemin). 1590 et 1592.
HENRI III, roi de France. L. sig., à M. de Matignon. 1573. in-fol.

401. HENRI Dieudonné duc de Bordeaux.
Sa sig. et une ligne aut. pour M. le vicomte d'Aure. in-12. Cachet.
LOUISE DE BOURBON, sœur du précédent. Sa signature, et aut. : *donné ce 12 décembre 1835, pour...* in-12.

402. HENRY, duc d'*York*, cardinal.
Quatre ordres de payement sig. de son palais épiscopal de Frascati. 1788 et 1789. 4 demi-p. in-4.

403. HERAULT DE SECHELLES, conventionnel.
L. aut. aut. sig., à M... Sans date. 1 p. in-4.

404. HISTORIENS. 10 lett. aut. sig.
BARRIÈRE. — BARRUEL (l'abbé). — BLANC (Louis). — BOTTA (Charles). BOURIENNE (Fauvelet). — BUCHON. Deux lett. — BURETTE (Théodose). — DESMOULINS (X.). — DOLLÉ (Frédéric).

405. HISTORIENS. 10 lett. aut. sig.
DUMONT, historien d'Arles. — DÉZOBRY. — DAVID MILLAUD. — EXPILLY (l'abbé d') — GUILLON DE MONLÉON (l'abbé). — JAL. — LEGLAY. — LELEWEL. — LÉONARD CHODZKO. — LOURDE.

406. HISTORIENS. 12 lett. aut. sig.
MARCHANGY. — MICHELET. — MICHAUD, et une lett. aut. sig. de sa femme. — MIGNET. — MONTEIL (lettre incomplète du commencement). 3 p. in-4. — NORVINS. Deux lett. — POUJOULAT. — POUQUE-VILLE. — SOULAVIE. — VAULABELLE.

407. HOCHE (Lazare), général de la République.
L. aut. sig., à son aide de camp Alexandre Dalton. Nantes, 20 prairial, 1793. 1 p. in-4.
Il lui mande de se dépêcher d'arriver, il a le plus grand besoin de lui. Il a reçu de la Convention des ordres exprès pour l'occupation de la Vendée....
HOCHE (Mme), veuve du précédent. L. aut. sig., à M. le colonel, baron de Plazanet. Paris, 20 nov. 1838. 2 p. pl. in-8.

408. HOLLAND (lord).
L. aut. sig., au général .... 29 juillet (1835). 3 p. in-8.
Il vient d'apprendre l'attentat de Paris avec horreur, et il partage avec lui, et sans doute avec la France entière l'affliction de la voir privée du duc de Trévise..... Toutefois on doit se réjouir du salut du Roi, car c'est contre lui sans doute que ce cruel coup fut particulièrement dirigé.....

409. HOMEOPATHES (médecins), *phrénologues, magnéti-seurs.*
HOFFMANN (Amédée). 1835. 1 p. in-4. — GALL. 1845. 1 p. in-8.

— Spurzheim. 1 p. in-8. — Cahagnet. 1849. 1 p. in-8. — Lafontaine. 1 p. in-8. — Ensemble, cinq lett. aut. sig.

410. HOMMES POLITIQUES, ministres, etc.

Argenson (d'). L. aut. sig. Versailles, 1848. 1 p. in-4. — Condé (L. H. de Bourbon, prince de). L. sig. 1727. 1 p. in-4. — Chauvelin (Germain Louis de). L. aut. 1734. 1 p. pl. et demie in-4. — Grasse (le comte de). L. aut. sig. 1781. 2 p. in-4. — Nassau (Frédéric-Léon, comte de). L. aut. sig. 1690. 3 p. in-4. — Louvois. L. sig. 1675. 1 p. in-fol.

411. HOMMES D'ETAT. 11 lett. aut. sig.

Barthélemy (le marquis de). Deux lett. — Bassano (le duc de). Deux lett. — Bergasse. — Boulay (de la Meurthe). Deux lett. — Boulay (de la Meurthe), Vice-Président de la République. — Capelle. — Drouin de l'Huys. — Damas. — Fouché, duc d'Otrante. L. sig. 13 mai 1815.

412. HOMMES D'ETAT. 11 lett. aut. sig.

Francais (de Nantes). — Guizot. Deux lett. Notice sur lui par un patriote du Gard. Lett. aut. sig. de Mme Elisa Guizot, à M. Villemain. — Hauterive. — Mounier. Deux lett. — Muraire. — Rémusat. — Ruederer. — Rovigo (Savary, duc).

413. HOMMES D'ETAT *étrangers*. 18 lett. aut. sig.

Alfieri de Sostegno. — Campo (le marquis del). — Campuzano. Deux lett. — Esterhazy (le maréchal comte V.). — Isturiz (Xavier). — Orloff. — Pozzo di Borgo. — Sommariva. 1791. — Zawercki.

414. HORTENSE BEAUHARNAIS, reine de Hollande.

L. aut. sig., à sa mère (*Madame*, mère de l'Empereur). Augsbourg, 18 décembre 1822. 1 p. in-4. Jolie lettre. Entourage gaufré.

Elle espère que l'année 1823 ne se passera pas sans qu'elle ait le plaisir de lui mener un de ses petits enfants. Ils ont été bien inquiets de la savoir malade, mais heureusement elle est rétablie et ils s'en felicitent. « Une tendre mère est « toujours nécessaire à sa famille, et malgré la perte affreuse dont son cœur « gémit, elle doit se conserver pour les intérêts qui lui restent..... »

415. HORTENSE BEAUHARNAIS, reine de Hollande.

L. aut. sig., à sa mère, (*madame*, mère de l'Empereur). Ce lundi, 14. 1 p. pl. demi in-8. Papier gaufré. Charmante lettre.

« Madame Molien te donnera de nos nouvelles, ma chère maman; mais il est « bien difficile d'en avoir des tiennes, on me dit heureusement que tu te portes « bien, que tu parles quelquefois de moi, sans cela je serais vraiment bien « triste, et je croirois que tu ne m'aime plus.... » Elle va à Wisbaden avec le Roi et Napoléon.... Nomination de quatre dames du palais. Quelles elles sont. Elle dit en terminant : « Napoléon et Louis sont bien portants et bien gentils. « Nous t'embrassons tous bien tendrement ainsi que l'Empereur. »

416. HOTEL-DIEU et hospice des Incurables de Paris.

Acte notarié signé par les gouverneurs, maîtres et administrateurs de ces établissements, pour le remboursement d'une somme de 13721 livres 6 sous 10 deniers (1694), et signée par Achille de Harlay, Louis Phélypeaux de Pontchartrain, Potier de Novion, Nicolas Nicolay, etc. 7 gr. p. in-fol.

417. HOUASSE, peintre, membre de l'Académie.

L. aut. sig., à M..... Rome, 3 janvier 1702. 1 p. in-4.

418. HUBER (Aloysius), corroyeur, condamné politique en 1838. Ce fut lui, qui, le 15 mai, prononça à la tribune la dissolution de l'Assemblée nationale.

L. a. s., à M. le comte .... Paris, 29 février 1852. 2 gr. p. pl. in-fol.

Exposé de sa profonde détresse, le prince-président de la République ne peut pas laisser incomplète l'action généreuse de sa libération. Un emploi dans l'un des différents services du gouvernement lui est indispensable pour vivre, et il donne la liste de ceux dans lesquels il pourrait être placé.

419. HUGO (Victor), poëte, auteur dramatique.
1° L. aut. sig., *Victor*, à son père, 1er mai, 1826. 3 p. pl. in-8.
2° L. aut. sig., *Victor*, au même. Paris, 19 septembre, 1825. 3 p. pl. in-8. Intéressante.

420. HUMBOLDT (le baron Alexandre de), célèbre naturaliste, voyageur en Amérique.
L. aut. sig., à M. le comte .... Paris. 3 gr. p. in-4.
HUMBOLDT (Charles-Guillaume, baron de), ministre d'État du roi de Prusse. L. aut. sig., au citoyen Sylvestre. 2 p. in-8.

421. HUNT (Jacques-Leigh), poëte anglais.   N. 1784.
L. aut. sig. (en anglais), à son cher Tom. Chelsea, 22 oct. 4 p. pl. in-18.
Il lui parle de sa pièce, la *Légende de Florence*. « On dit qu'elle a effrayé les « convenances de Covent-Garden (à cause du divorce!). Je suis en train d'en « écrire une autre qui sera innocente, et peut-être pas aussi bonne de moi- « tié, etc. »
PLANCHÉ (J.-R.). Auteur de l'Opéra d'*Obéron*, musique de Weber. Envoi aut. sig. d'un fragment d'*Obéron*. *Portr.* (dessin) à la plume et biographie impr.
REYNOLDS (Fréd.), célèbre auteur dramatique. L. aut. sig. (en anglais), à Winston. Dimanche. 1 p. pl. in-4. Relative à Elliston et au théâtre.

422. HYMNE A L'ETRE SUPREME, par Villenave.
Pièce de vers signée, par Villenave. 2 gr. p. pl. in-4. Curieuse.

423. IFFLAND (Auguste-Guillaume), célèbre acteur et auteur dramatique allemand.   N. 1759. M. 1814.
L. aut. sig. (en français), comme directeur du théâtre de Berlin, à M. .... Berlin, 27 nov. 1806, 2 gr. p. in-fol. Très-rare. en français. Lettre curieuse au sujet de trois militaires attachés à son théâtre.

424. IMBERT (Barthélemy), poëte et litt. N. 1747. M. 1790.
L. aut. sig., à M. de Dampmartin, 6 juin 1787. 1 p. pl. in-4.
Au sujet d'une traduction de la tragédie de la *Mort de Caton* d'Addison, que Dampmartin lui avait communiquée pour avoir son avis.

425. INSTITUT (membres de l'). 7 lett. aut. et aut. sig.
CORDIER. — DECAISNE. — DUMÉRIL. — LEFEVRE DE GINEAU. 1789. — DUVERNOY. — LALANDE (Jérôme). — REBOUL (H.). *Portr.*

426. INVASION DE LA FRANCE EN 1814 ET EN 1815.
BLUCHER (le général, prince). L. sig. en allemand, au maréchal Gouvion Saint-Cyr. Rambouillet, 7 août 1815. 1 p. in-fol.
HEYNIEL, général prussien. Deux réquisitions de vivres à faire fournir, par le maire de Versailles, pour le bataillon faisant la garde du prince Blücher de Wahlstadt, à son quartier général. Versailles, 2 et trois juillet 1815. aut. sig. 2 p. in-fol.
SAKEN (le général russe). Pièce sig. pour fournitures de vivres. Voisin Lebretonneux, 10-22 mai, 1814. 1 p. in-fol. Cachet.
TESCHEN, général prussien. Deux lett. aut. sig. (dont une en allemand), datées de Mantes, les 7 et 9 nov. 1815, pour remercier le maire et les habitants de la ville, d'avoir fourni à ses dragons des culottes et des bottes, et à lui le couvert (la table) ... 3 p. in-fol. Cachets. Intéressantes.

427. INVENTAIRE général des captifs, cire, morphile, et autres marchandises trouvées dans le navire mommé la Conception, et Saint-Jean-Baptiste, et débarqués à l'île de Gorée.
Copie officielle sig., datée de Gorée, le 12 juin, 1682. 1 p. in-fol.
« .... Deux cens vingt huit captifs tant masles que femelles en très méchant estat, infirmes..... »

428. INVENTEURS, *mécaniciens, chimistes,* etc.
Bréguet (L.), horloger. 1830. L. aut. sig. 1 p. in-4. — Elkington (G.-R.). chimiste. L. aut. sig., à M. Christofle. Birmingham, 19 nov. 1842 3 p. pl. et demie in-4. Intéressante. — Chappe (télégraphe). Quatre lett. sig. et aut. sig. An VII à 1827. 5 p. in-4 et infol. — Hubert (J.-B.), ingénieur. L. aut. sig. An XIII. 2 p. in-4.

429. IRELAND (Will.-Henry), poëte et littérateur. En 1798 il donna *Vortigern,* tragédie, comme œuvre posthume de Shakspeare : la supercherie ne fut découverte qu'après que la pièce eut été jouée.
L. aut. sig. (en anglais), à M. Southgate. 21 mai 1827. 1 p. in-4. (sur le verso se trouve la réponse aut. sig. de M. Soughate). *Rare.*
Envoi de quelques échantillons de ses fabrications shakspériennes.

430. JACQUES Ier, empereur d'Haïti.
L. sig., au commandant de Saint-Juan de la Magouana. Au palais du Mirbalais, le 19 février .... 1 p. in-4. Tête imprimée, avec vignette. (Pièce incomplète, la marge extérieure ayant été coupée, enlevant la fin des lignes. La signature et la vignette sont intactes.) *Rare.*

431. JANIN (Jules), littérateur, critique dramatique.
Trois lettres et billets aut. et aut. sig. in-8 et in-4.
Dumas (Alexandre), romancier, aut. dramatique. Trois lett. et billets aut. sig. — Dumas (A.), fils. Billet aut. sig.

432. JAUFFRET (Louis-François), littérateur et fabuliste.
1º L. aut. sig., à son cousin. Marseille, 19 avril 1825. 2 p. pl. in-4. Intéressante.
2º *La jeune fille sauvage. Fable.* 8 février 1821. 2 p. pl. aut. in-4.

433. JEANNE D'ARC (maison de).
1º L. sig. de M. Lainé, ministre de l'intérieur, membre de l'Académie française, adressée au maréchal Gouvion Saint-Cyr, ministre de la guerre. Paris, 1er juillet 1818. 1 p. pl. in-fol.
Un ancien dragon, retiré dans sa commune à Domrémy, département des Vosges, le sieur Gérardin, simple vigneron, père de six enfants, vient de faire preuve d'un désintéressement qui a excité l'intérêt de toutes les autorités. Ce militaire est de la famille de Jeanne d'Arc, et il se trouvait possesseur de la maison où naquit cette fille célèbre. Un anglais voulait acheter et faire démolir ce monument de notre histoire. Il offrait de ce bien 6000 francs et même davantage. Gérardin l'a refusé, mais il a consenti à céder sa propriété pour 2500 fr. au Conseil général du département, qui, informé du dessein de l'étranger, a senti la nécessité de prendre des mesures propres à en empêcher l'exécution. L'acte de vente est passé. L'affaire va être soumise au Roi.... etc., etc.
2º Portrait en pied de Jeanne d'Arc. Dessin à la mine de plomb, par Hippolyte Lecomte. In-4. — Portr. gravé de Gois. In-4.
Jeanne Hachette (Jeanne Fourquet, surnommée).
1º Fragments historiques de l'histoire de Jeanne Hachette (née Fourquet, héroïne de Beauvais, au xve siècle, par Fourquet d'Hachette, l'un des descendants de cette héroïne. Paris, 3 sept. 1850. Imprimé de 16 p. in-8., avec la signature aut. de l'auteur. — 2º Description historique d'une salle basse de la maison des gouverneurs de Beauvais, au xve siècle, habitée par Jeanne Fourquet, surnommée Jeanne Hachette. Aut. sig. du précédent. 1858. 1 p. in-fol. — L'Enfant mort au berceau. Scène historique de la Bretagne en 1850. — Poésie et sujet pour la composition d'un tableau religieux. Offert à M. Ducornet, peintre d'histoire, par le même. Aut. sig. 2 p. in-fol.

434. JENNER (Edward), propagateur de la vaccine.
L. aut. sig. (en anglais), à M. Lée, à Plymouth. Berkeley, 22 sept. 1812. 2 gr. p. in-4. Cachet. (Un peu fatiguée.)

435. JOSEPH Ier, empereur d'Autriche, fils et successeur de Léopold Ier. **N. 1678. M. 1711.**
Sa signature et le mot *Placet*, en marge d'un mémoire (en latin) à lui adressé. 1706. 4 gr. p in-fol. Cachet.

436. JOSÉPHINE, impératrice des Français.
L. sig., au directeur des Droits Réunis. Malmaison, 20 oct. 1809. Demi-page in-4. Au bas se trouve la minute de la réponse du directeur.

437. JOURDAN (le comte), maréchal de l'Empire.
Cinq lett. aut. sig. de l'an VI a 1829. 5 p. in-4.

438. JOURNALISTES, *publicistes*, etc. 26 lett. aut. sig.
Coste. — Desnoyers (Louis). — Dujarrier. Quatre lett. — Falempin. Deux lett. — Galibert. — Girardin (Émile de). Quatre lett. — Gallois (Napoléon). — Grun. Deux lett. — Laurentie. — Lesourd. — Lourdoueix. — Luchet. Deux lett. — Marin. — Marrast (Armand). Deux lett. — Rolle. — Thoré.

439. JURISCONSULTES, *avocats*, etc. 11 lett. aut. sig.
Barrot (Odilon). — Berryat-Saint-Prix. — Berryer, fils. — Buff. — Chaix-d'Estanges. — Chauveau. — Dupont. — Favre (Jules). — Ledru-Rollin. — Lucas (Charles). — Marie. Fragment de discours. 2 p. aut. in-4. — Mauguin.

440. KEMBLE (John-Philippe), célèbre tragédien.
Engagement de James Aickin, à Drury-Lane, rempli et signé par Kemble, signé par Aickin et par Powell et Johnston, comme témoins. 31 mars 1794. 1 gr. p. in-fol. Cachet.

441. KLEBER, général en chef de l'armée d'Egypte.
Billet de 7 lignes aut. sig., au citoyen.... 30 germinal. 1 p. in-8 en travers. Intéressant.
Rapp (le général). L. aut. sig. 1 p. in-4.

442. KOCK (Paul), romancier.
1º L. aut. sig., à son neveu, Louis de Kock. 1839. 1 p. in-4.
2º *Cour des messageries*. Manuscrit aut. 6 gr. p. pl. in-fol.

443. LA BARRE, architecte du palais de la Bourse.
L. aut. sig., à M. Blondel, peintre d'histoire. 1828. 1 p. in-4.
Il vient de recevoir ses six dessins faits après ses tableaux exécutés à la Bourse.

444. LABITZKY (Joseph), compositeur de musique de danse, auteur de la valse l'*Aurore*, chef-d'œuvre du genre.
L. aut. sig. (en allemand), à M. Zirges. Carlsbad, 20 juillet 1847. 1 p. pl. in-8. Cachet.
Jolie lettre musicale. Il y est question de Mlle Garcia, de Dreyschock, etc.

445. LABORDE, premier valet de chambre de Louis XV.
L. aut. sig., à M... Paris, 2 octobre... 1 p. in-4.
Léonard (Pierre Antic, dit), coiffeur de Madame Elisabeth. Quitt. sig. Paris, 29 juillet 1791. 1 p. in-4.

446. LACORDAIRE, célèbre prédicateur.
L. aut. sig., à M. l'abbé Chauvel. Paris, 29 août 1845. 1 p. in-4.

447. LACRETELLE (Charles), historien, de l'Acad. française.
Deux lett. aut. sig. 1824. 3 p. in-4.

448. LAFAYETTE (le général, marquis de).
L. aut. sig. Paris, 16 oct. 1830. 1/4 de page in-4. L. sig., au baron de Laitre. Paris, 26 janvier 1832. 3 p. in-4. Curieuse.
Bréou (le comte de), colonel des carabiniers de *Monsieur* (Charles X). L. aut. sig. Saumur, 22 juillet 1822. 2 p. in-fol.
Frais qu'il a faits pour l'arrestation du général Berton.

Laffite (le général), commandant le département de l'Ariége. L. aut. sig., au ministre. Foix, 18 oct. 1830. 2 gr. p. 1/4 in-fol.

Dispositions du roi d'Espagne Ferdinand VII, envers les Bourbons de la branche aînée en 1830.

Roederer (le comte). 1° L. sig. Spoletto, 4 mars 1812. 3 p. in-fol. — Note aut. sur l'occupation de la France par les troupes étrangères, et l'indemnité à leur accorder. Paris, 6 sept. 1815. 2 p. in-fol.

Schaal, général de division. L. sig. Mayence, 18 novembre 1813. 2 p. in-fol. Très-belle lettre relative à la défense de la France.

449. LAHARPE (le général Frédéric-César), gouverneur de l'empereur Alexandre 1er.

L. aut. sig., au prince Kozloffski, à Lausanne. Lausanne, 1er... 1829. 3 gr. p. pl. in-4.

Très-importante lettre sur les conséquences de la guerre de 1828 entre la Russie et la Turquie. Appréciation des succès bien positifs des Russes dans cette guerre. Ceux qui veulent les atténuer, en disant qu'on aurait dû prendre au moins Erzeroum, Silistrie, Andrinople, etc., cherchent à donner le change sur le chagrin qu'ils éprouvent de ce que la Russie a déjà fait, et voudraient effrayer ses amis sur les périls que lui prépare une deuxième campagne, périls tout à fait imaginaires. — « Les gazettes angloises et celles du continent qui « font chorus avec elles, pour persuader que les Russes conquérans sont aux « abois tandis que les Turcs battus et dépouillés sont vainqueurs, et qui oppo- « sent au souverain de la Russie, partageant en soldat, les fatigues et les périls « des siens, sur mer et sur terre, tandis que tout le dévouement de l'héroïque « Mahmoud s'est borné à échanger son séjour dans le serail de Bysance, contre « une maison de plaisance située à trois lieues de distance, à faire promener « en triomphe la guenille de Mahomet, et à faire couper des têtes par passe- « tems.... »

450. LAKANAL, conventionel, membre de l'Institut.

L. aut. sig., a l'inspecteur des contributions du département de la Sarre. Mayence, 28 vendémiaire an VII. 2 p. in-fol. Vignette en tête. Portr. allemand, gravé, de Souvarow, in-4.

« .... Le citoyen détenu comme otage dont vous me parlez avec éloge, est un « contre-révolutionnaire chez lequel on a trouvé entr'autres signes d'éhonté « royalisme, le portrait de Souwarow que je vous envoye.... »

451. LALANDE (Jérôme de), astronome.

1° L. aut. sig., à Mgr... Paris, 6 mai 1769. 1 p. in-4.
2° L. aut. sig., a M... Collége royal, le 4 mars 1792. 1 p. in-4.

452. LALLY (Thomas-Arthur, comte de), gouverneur de Pondichéry. Né en 1702. Décapité en 1766.

L. aut. sig., à M... (le nom a été biffé). Pondichéry, le 25 novembre 1760. 2 p. in-4.

Lally de Tolendal (le marquis de), fils du précédent.
L. aut. sig., à M... 4 janvier 1809. 2 p. pl. in-4. Curieuse.

453. LALLY DE TOLENDAL (le m^is de), fils du comte de Lally, lieutenant-général, décapité à Paris en 1866.

1° L. aut. sig., à M... Château de Lions, 29 nov. 1774. 1 p. in-fol.
2° Mémoire (au ministre) aut. 10 pages in-fol. (avec une copie du même, 12 p. in-fol).

Ces deux pièces sont relatives à une somme de 120 000 livres qui lui avait été destinée par le feu roi.

454. LAMARTINE (Alphonse de), poëte, littérateur.

L. aut. sig., à M... Saint-Point, 27 août 1834. 1 p. in-4.

Lamartine (Madame de) femme du précédent.
L. aut. sig. de ses initiales, a son amie. Monceaux, 20 sept. 1847. 2 p. in-8.

Hugo (Victor), poëte. Trois lett. aut. sig. 4 p. in-8. — Plus, deux petites caricatures a la plume.

455. LAMARTINE (Alphonse de), poëte, littérateur.

L. aut. sig., à M. Roger, membre de l'Académie française. Montalos, 12 oct. 1829. 3 p. in-8.

Au sujet de sa candidature à l'Académie française.

456. LAMARTINE (Alphonse de), poëte et littérateur.

L. aut. sig., à Mlle Elisa Mercœur. Saint-Point, 17 avril 1829. 2 p. in-8.

Il a reçu par M. Charles Nodier le volume de ses poésies. Il lui répète qu'il ne les connaissait point. Il lui est bien agréable de pouvoir aujourd'hui lui offrir lui-même l'hommage de sa sincère admiration. « Ce siecle-ci nous a « trop accoutumé à admirer toutes sortes de gloires littéraires dans les femmes « qui l'honorent pour qu'un si beau talent de plus puisse nous étonner, ou « nous trouver incrédules ... »

BARANTE (le baron de), historien. L. aut. sig. 2 p. 1/2 in-8.

457. LAMBALLE (M-.L.-Thérèse de Savoie, princesse de).

1º L. sig., à M. de Sartine. Paris. 11 mai 1778. 1 p. in-8.

2º L. sig., à M. le maréchal de Castries. Paris, 25 juin 1785. 1 p. in-8.

458. LAMENNAIS (l'abbé de), célèbre publiciste.

L. aut. sig., à M... Juilly, 20 juin 1831, 1 p. 1/2 in-8.

Il lui renvoie son manuscrit. Il s'est permis d'y faire çà et là quelques légères corrections relatives, presque toutes, à l'exactitude de la doctrine catholique qui a son langage fixé....

LAMENNAIS (l'abbé J.-M. Robert de), frère du précédent.

L. aut. sig., à M... Paris, 4 oct. 1837. 1 p. pl. in-4.

459. LAMENNAIS (l'abbé de), célèbre publiciste.

1º L. a. s., à M. Cor, à Paris. La Chenaie, 11 février 1820. 2 p. in-8.

2º Billet aut. sig., à M. Stuber. Paris, 21 avril 1847. 1 p. in-18.

Il a reçu l'exemplaire du discours de M. Buckingham « Sur quelques réfor- « mes sociales... »

460. LAMENNAIS (l'abbé de), célèbre publiciste.

L. aut. sig. de ses initiales L. F., à Madame Z. Clément. Paris, 5 mai 1840. 2 gr. p. pl. et demie in-8.

« .... On commence à revenir des illusions que l'on s'étoit faites (non pas « tout le monde pourtant), lors de la rentrée de M. Thiers au ministere. Je « doute que son règne soit long. Il aura, ce me semble, beaucoup de peine à « le prolonger au-delà de la semaine prochaine, si même il atteint ce terme. Les « imbéciles et les corrompus ouvrent de grands yeux et cherchent à l'horizon, « les uns les lois, les autres les places qu'on leur avait promises, ils crient « tristement : sœur Anne que vois-tu venir? et comme sœur Anne ne voit rien « venir, cela commence à leur paroître un peu singulier et assez suspect. « L'amnistie n'est qu'une déception, excepté pour les Vendéens. Elle ne « s'étend qu'au tres-petit nombre d'accusés contumace que les pairs ne veu- « lent pas juger. On laisse dans les prisons où ils subissent tous les genres de « tortures, ceux qui ont été condamnés postérieurement au proces d'avril. Telle « est, lorsquelle se dilate le plus, lorsqu'elle se déploie dans sa pleine magni- « ficence, la clémence royale. On ne parle plus d'abjuration, mais de maladie. « Le mariage s'est fait sans que le public y prît garde.... »

461. LAMOTTE-PIQUET (Toussaint-Guillaume, comte de), lieutenant-général des armées navales.

L. aut. sig., à Mgr... Brest, 25 oct. 1785 1 gr. p. in-fol.

GRASSE (l'amiral, comte de). L. aut. sig. 1782. 1 p. et demie in-4.

462. LANGLE (le chevalier de), marin, compagnon de Lapérouse.

L. aut. sig., à son ami Des Bordes. 12 sept. 1782. 1 p. et demie in-4. Plus, une note aut. de fourniment (linge, vêtements etc.). 1 p. pl. in-12, et une note de trois lignes aut. sig. pour le gréement de l'Aigrette. Brest, 13 février 1781. in-4.

463. LANOUE (J.-Baptiste Sauvé de), acteur de la Comédie-Française, auteur de la Coquette corrigée, etc. En 1740, il dirigeait le théâtre de Lille. Peu après, sollicité au nom du roi de Prusse, il s'arrangea pour passer à Berlin. La guerre qui survint empêcha l'exécution de ce projet, et Lanoue revint à Paris.   N. 1701. M. 1761.

L. aut. sig., comme directeur de la comédie de Lille. à M...
Lille, 22 novembre 1740. 2 p. in-4. *Très-rare.*

Lettre curieuse au sujet de la formation d'une troupe pour le roi. L'instant est favorable pour les engagements, il faut se hâter, car les meilleurs artistes sont toujours les plus recherchez, et par conséquent les premiers engagez....

464. LAPEROUSE, le célèbre et malheureux navigateur.   23. /0

1º Sa sig. au bas d'un extrait d'une lettre du ministre. etc. 1775. Demi-p. in-fol

2º L. aut. sig., à Madame de Labessière, sa sœur. Paris, 3 janvier 1778, 2 p. in-4. (Brisée par le milieu.)

Très-affectueuse lettre. Il compte passer l'hiver à Paris si la guerre ne se déclare pas. Il en était fort question il y a quelques jours....

3º Attestation de 3 lignes aut. sig. sur un mémoire de M. de Reine qui a servi sous ses ordres. 4 p. in-fol.

465. LA ROCHEJAQUELEIN (Mme de *Donnissan*, marquise   3
de), veuve en premières noces du marquis de L'Escure.

L. aut. sig., au rédacteur... Aix, 11 oct. 1828. 3 p. in-8.

Elle le prie de rectifier une erreur au sujet d'un drapeau que son fils aurait enlevé à Isaktcha. Explication de ce fait....

LA ROCHEJAQUELEIN (Auguste de), beau-frère de la précédente. L. aut. sig., à M... Châtillon en Bas Poitou, 14 janvier 1791. 1 p. in-fol.

466. LA SUSSE (R. de), amiral de France.   2

L. aut sig., au comte Clément de Ris. A bord de la Lyonnaise. Rio-Janeiro, 26 septembre 1821. 2 gr. p. pl. et demie in-4.

Nouvelles politiques (du Brésil) et maritimes très-intéressantes.... Il ne s'agit rien moins que de proclamer le prince de Portugal *empereur du Brésil*....

BEAUHARNAIS (François, marquis de), ambassadeur en Espagne. Billet aut. sig. 23 novembre. 1 p. in-18.

467. LATOUCHE DE TREVILLE (l'amiral), constituant,   2
conventionnel.

1º L. aut. sig., à M. de Basmavin. Paris, 11 nivôse an II. 1 p. in-4.

2º L. aut. sig., à la prices-e Pauline Bonaparte. Marseille, 25 vendémiaire an XII. 2 p. pl. et quart in-4. Intéressante.

468. LATOUCHE DE TREVILLE (l'amiral). *Le même.*   7 · 7/

Trois lettres aut. sig., an VIII. Ensemble, 6 p. in-fol.

469. LAVALLETTE (le comte de), directeur des Postes.   7 · 7/

1º L. aut. sig., a son collègue... 1 p. in-4.

2º L. aut. sig., à M... Berlin, 2 ventôse an IX. 2 p. in-4.

LAVALETTE (Mme Beauharnais, comtesse de), femme du **précédent**. L. aut. sig., au ministre... 7 nivôse an XII. 1 p. in-8.

470. LE BRUN (Mme Vigée), célèbre peintre de portraits.   7 · /0

Cinq lettres ou billets, dont deux autog. et trois aut. sig., adressés à M. et à Madame Aimé Martin. Ensemble, 6 pages in-18.

471. LEFEVRE DE GINEAU, professeur de mécanique au   5 · £
collége de France.

L. aut. sig., à M. ... Au collége royal, 24 juin. 2 p. in-4.

BERTHOLLET, savant chimiste. L. a. s. 1813. 1 p. in-4.

CADET DE GASSICOURT (C.-L.), chimiste. L. a. s. 2 p. in-4.

472. LEGISLATEURS. Membres des diverses assemblées lé-   2 · 7/
gislatives depuis 1789. 33 lett. aut. sig.

AUDRY DE PUYRAVEAU. Deux lett. 1822. — BARDOU BOISQUELIN. An IX. — BOULAY-PATY. An VI. — BRIAULT. An IX. — BOUSSION. An XI. — BOUROTTE. An VII. — BRISSAC. 1800. — BUCAILLE, curé de Frelhem. 1791. — CAZAUX. An VIII. — CHABOT (de l'Allier). An XIII. —

Chaigneau (E). — Coquebert-Montbret. — Duchatel de Belin.
An V. — Duchatel (de la Gironde). An X. — Entraigues (d'). —
Fabre (de l'Aube). 1815. — Fitz-James (le chevalier de). Deux lett.
lett. 1784 et 1786. — Labbey de Pompieres. Deux lett. — Lameth
(Charles de). Trois lett. — La Rochefoucauld (le duc de). 1778. —
Le Brun, 3ᵉ consul. Deux lett. — Montmorency (le duc de). 1828.
— Roederer. 1832. — Roux Laborie. 1835. — Tascher. 1804. —
Tascher (le comte de). 1840. Très-beau lot.

473. **LEKAIN** (Henri-Louis), célèbre tragédien.   1729-1778.
*Troisième rôle. Lorédan dans la tragédie du même nom de M. de
Fontanelle.* Manuscrit a. s. en tête (636 vers). 22 gr. p. pl. in-fol.

474. **LEMONNIER,** astronome, membre de l'Institut.
L. aut. sig., à M. de Lalande. Paris 12, août 1752. 2 p. in-4.
Cachet, écriture fine et serrée. Note aut. ajoutée, petite page in-8, en
travers.
Ces deux pièces sont toutes relatives à des observations et à des calculs as-
tronomiques.

475. **LE TOURNEUR** (Ch.-L.-Fr. H.), conventionnel, membre du Directoire, ambassadeur.
L. sig., à Saliceti. Paris, 6 floréal an VI. 2 p. in-fol. Tête impr. et
vignette.
Lettre importante relative à la victoire remportée à Millésimo. Détails sur les
déprédations dans l'armée, etc.
Lyvos, capitaine d'artillerie, mort héroïquement le 11 février 1835,
en portant des secours à des naufragés par suite d'une tempête sur les
côtes d'Afrique. Quatre lettres et pièces sig. et aut. sig. en faveur de
sa veuve.

476. **LETTRES DE PRETRISE** *sacrifiées au vœu de la république.*
Deux lettres aut. sig. de Bricoteux, aux citoyens, membres du comité
de surveillance de Mantes, pour leur annoncer le sacrifice de ses lettres de prêtrise qui devront être envoyées à Maximilien Robespierre,
son ami. Mantes, 26 et 30 pluviôse an II. 2 p. in-4.

477. **LIEVEN** (Mme la princesse de), morte en 1857.
1° L. aut. sig., à Mme la comtesse Chreptovitch. Dimanche, 17. 1
p. in-8. Cachet.
2° L. aut., au général Paul Tolstoy. Mardi. 1 p. in-8.

478. **LINGUET,** avocat célèbre, né à Reims.
L. aut. sig., à M. ... Paris, 17 décembre 1790. 4. p. pl. in-4.

479. **LITTERATEURS,** *historiens,* etc. 30 lett. et pièces a. s.
Aimé Martin. 1814. — Alboise de Pujol. 1851. Alissan de
Chazet. — Alletz (Edouard). 1837. — Arnault (Lucien). Apostille
aut. sig. 1830. — Berryer (Constant). 1847. — Chapuys de Mont-
laville, sénateur. 1848. — Crevel de Charlemagne, poëte. 1816.
Delavigne (Casimir). Deux lig. aut. sig. — Depping, littérateur et
géographe. 1846. Note aut.

480. **LITTERATEURS,** *historiens,* etc. 14 lett. sig., et 2
pièces aut.
Jouy. Billet aut. — Julien de Paris. 2 lett. — La Cretelle
(Charles). Lett. sig. — Norvins. 1839. — Pradel (Eug. de), impro-
visateur. L. aut. sig., au docteur Teste. 1851. 1 p. in 4, et 6 vers
aut. sig., improvisés pour M. Alphonse Teste. 1850. 1 p. in-4. —
Regaldi, improvisateur (en italien). 1830. 1 p. in-8. — Salvandy. —
Sismondi (L.-A. de). 1831. — Soumet (Alexandre). — Souvestre
(Emile). 1844. — Tissot (P.-F.). 1822. — Vatout. — Walkenaer.

481. **LITTERATEURS, AUTEURS DRAMATIQUES.**
Ancelot. 1843. — Arlincourt (le vicomte d'). Pièce de vers aut.

sig. **1844**. — Artaud. 1773. — Bawr (Mme de Saint-Simon de.) An VII. — Bouchardy. — Boutellier. An VII. 4 p. in-4. Théâtrale. Intéressante. — Chasles (Philarète). 1839. — Chateauneuf. 4 p. pl. in-4. Ensemble, 8 lett. et cessions aut. sig.

482. LITTERATEURS, AUTEURS DRAMATIQUES.
Chazet (Alissan de), à Mlle Duchesnoy. — Désaugiers. 1808. — Desriaux. An VI. — Drouineau (Gustave). La Rochelle, 1824. 3 gr. p. pl. in-4. Belle lettre théâtrale. — Ducange (Victor). 1823. — Dumaniant. Cession sig. An XIII. — Etienne, de l'Académie française. 1805. — François (de Neufchâteau). Intéressante. Ensemble, 8 lett. et cessions aut. sig.

483. LITTERATEURS, AUTEURS DRAMATIQUES.
Gersin. — Halévy (Léon). — Hapdé. 1848. — Hubert (Charles). — Martainville. 1810. — Merle. 1814. — Moreau. 1830. — Nogaret (Félix). L. aut. sig. 1817. 4 p. in-8. Ensemble, 8 lett. et cessions aut sig.

484. LITTERATEURS, AUTEURS DRAMATIQUES.
Poinson (Delestre). 1814. — Rey, auteur d'*Astyanax* 1819. 3 p. pl. in-4. Jolie lettre dramatique. — Saint-Alme (Lepoitevin d'Egreville, dit), à Mme Bourguignon. 3 gr. p. in-4. — Souvestre (Emile). 1844. — Vernes de Luze. Genève, 1806. 2 p. pl. in-4. Au sujet de sa tragédie en cinq actes et en vers, composée d'après le roman de la duchesse de La Vallière, de Mme de Genlis.
Vieillard (A). 1806. — Zanotti (Jean-Pierre), littérateur italien. L. aut. sig. (en italien). 1739. 2 p. in-4. Littéraire. — Zeno (Apostolo), littérateur italien. Venise, 1735. 2 p. in-4. Relative à ses poésies religieuses. Ensemble, 8 lett. aut. sig. Très-beau lot.

485. LITTERATEURS, auteurs dramatiques, historiens, écrivains sur les beaux-arts, antiquaires, etc. 11 lett. et pièces aut. sig.
Bouilly. 1833. 1 p. in-4 — Fin de lett. aut. sig. 1 p. in-4. — Combrouse, antiquaire. 2 lett. — Consolin, antiquaire. 1813. 2 p. in-4, et Notice sur une médaille fausse du XVIIIe siècle. — Courtois, fils du conventionnel. 1833. 2 p. in-4. — Delécluse. Feuilleton aut. sig. sur les représentations du *Proscritto*. — Delestre-Poirson. 1815. 2 p. in-fol. — Deshayes, auteur d'un Traité de tric-trac. Au roi. 1838. 3 p. in-fol. — Draparnaud. 1833. 3 p. in-fol. — Estrayer-Cabassol (l'abbé), auteur d'une Notice historique sur la cathédrale de Châlons-sur-Marne. 1842. 3 p. in-4. — Eymery de Saintes. 1837. 1 p. in-4.

486. LITTERATEURS, auteurs dramatiques, historiens, écrivains sur les beaux-arts ; antiquaires, etc.
Fars Fosse Landry (Mme Geysac de Fais, dite). 3 p. in-4. — Jussieu (Adrien de). Apostille aut. sig. — La Bédoyère (César-Henri, comte Huchet de). 2 quitt. sig. 1829. — La Bédoyère (Mme la marquise de). 2 lett. 1830. — Lacroix (Paul). — Roqueplan (Nestor). — La Ferté (le baron de). 1832. 1 p. in-fol. — Pons (de l'Hérault). 2 lett. — Pougens. 2 lett. sig. — Lorin (Théodore), secrétaire du précédent, fabuliste. 1834. — Saint-Léon (Louise Brayer de). 1836. — Roux-Alphéran (d'Aix en Provence), auteur de recherches biographiques sur le poète Malherbe. 1841. 3 p. in-4. — Gazzera (Henri). Poème aut. sig. 5 p. in-fol. — Soulié (Frédéric). — Volney. 2 lett. aut. et aut. sig. 2 p. in-8. — Ensemble, 14 lett. aut. sig. et 6 pièces sig.

487. LITTERATEURS, auteurs dramatiques. 16 lett. aut. sig.
Albéric Second. — Alletz (E.). 2 lett. — Aloy. — Altaroche. — Amédée de Bast. — Amédée Boussin. 2 lett. aut. — Arago (Etienne). — Michel Beer. — Antier — Arlincourt (le vicomte d'). 3 lett. — Aubuisson de Voisins. — Aude.

488. LITTERATEURS, auteurs dramatiques. 13 lett. aut. sig.
AUTEROCHE. — BASTIDE. — BEAULIEU. — BEAUVOIR (Roger de). — BERTHOUD. — BOULAY. 1775. — BRIFFAULT (Eug.). — BRUCKER. — COGNIARD-LATOUR. — CAPELLE. — CASSAN. — CHAMPMARTIN. — CHARRIN.

489. LITTERATEURS, auteurs dramatiques. 14 lett. aut. sig.
CHASLES (Philarète). Deux lett. — CHAZET (Alissan de). Deux lett. — COQUEREL (Charles). — COUAILHAC (L.). — CUSTINE. — CUVILLIER-FLEURY. — Deux lett. — DESPRÉAUX (Simier). — DESPRÉS. — DRAPARNAUD. — DU CANGE (Victor). — DUCRAY-DUMINIL. Pièce aut. — DUGAS-MONTBEL.

490. LITTERATEURS, auteurs dramatiques. 26 lett. aut. sig.
DAMPMARTIN. — DE FAUCONPRET. — DE FAUCONPRET (A.). — DELAMARDELLE. — DENIS (Ferdinand). — D'ENNERY. Deux lett. 1770 et 1771. — D'EPAGNY. Deux lett. — DE ROUGEMONT. — DESCHIENS. — DESFOUGERETS. — DUMAS (Adolphe). — DU MERSAN. Trois lett. — DUPATY (Em.). — DUPORT (Paul). — DUVEYRIER (Charles). Deux lett. — ERNEST. Quatre lett. — FOUCHER (Paul). — GAUTHIER (Th.).

491. LITTERATEURS, auteurs dramatiques. 24 lett. aut. sig.
GONZALÈS (Em.). Deux lett. — GOZLAN (Léon). Cinq lett. — GRIMOD DE LA REYNIÈRE. — GUILBERT DE PIXERÉCOURT. Deux lett. — HALÉVY. — HAUTEROCHE (Allier de). — JOUSLIN DE LA SALLE. — JUBINAL (Achille). — JULLIEN (de Paris). Deux lett. — KARR (Alph.) — LACHABEAUSSIÈRE. Deux lett. — LACROIX (Jules). — LACROIX (Paul). 4 lett.

492. LITTERATEURS, auteurs dramatiques. 18 lett. aut. sig.
LAMARDELLE. — LAMARTELLIÈRE. Deux lett. — LAMOTHE LANGON. — LANCIVAL (Luce de). — LANGLÉ (Ferdinand). — LATOUCHE (H. de). — LECLANCHÉ (Léopold. — LECOMTE (Jules). — LAYA (Léon). — LIADIÈRES. — LIREUX. — LOEVE-VEIMARS. — LOMBARD DE LANGRES. L. sig. — LUCAS (Hipp.). — LURINE (Louis). — MAGNIEN (Hipp.). — MALITOURNE.

493. LITTERATEURS, auteurs dramatiques. 20 lett. aut. sig.
MALO (Ch.). — MARTIN DESLANDES. — MASSON (Michel). — MÉLESVILLE. — MIELL. — MONGLAVE (Eug. de). Deux lett. — MONNAIS (Ed.). — MONTÉMONT (Albert). — MONTIGNY (Lucas). — MOREAU. — MURET (Théod.). — PATIN (H.). — NISARD (Désiré). — ORTIGUE (d'). — OURRY. Trois lett. — PAIN. — PARIS (Paulin). — PHILIPPON DE LA MADELAINE.

494. LITTERATEURS, auteurs dramatiques. 16 lett. aut. sig.
PIGAULT LE BRUN. — PITRE CHEVALIER. — PIXERÉCOURT (Guilbert de). — REGNAULT (Elias). — DUSSEUIL (Rey). Aut. — ROUGEMONT (de). — SAINTINE. — SAINT-MARC-GIRARDIN. Deux lett. — SAINT-VICTOR. Trois lett. — SAINTE-BEUVE. — SOULIÉ. Deux lett. — TAYLOR (le baron).

495. LITTERATEURS, auteurs dramatiques. 13 lett. aut. sig.
TOUCHARD LAFOSSE. — TENCEL (Ulysse). — VACQUERIE. — VALENTIN (Louis). — VALERY. — VANDER-BURCH. — VATOUT. Deux lett. — VERNET (Paul). — VIEILLARD. (P.-A.). — VILLENAVE. — VITET. Deux lett.

QUATRIÈME VACATION.

Lundi 19 avril. — Nos 496 à 660.

496. LITTERATEURS. 15 lett., et pièces aut. et aut. sig.
CHAPSAL. — COGNARD. 2 pièces. — CORDELLIER DELANOUE. — COUAILHAC. — DEGEORGE. — DESNOYERS (Charles). 2 lett. — DORMEUIL. — DUVERT. — DURIEU (Xavier). — FÉVAL (Paul). — ROLLE. — STÉPHEN DE LA MADELAINE. — VIOLET LE DUC.

497. LOLA MONTÈS, comtesse de Lansfeld, danseuse, etc.   *3*

L. aut. sig. (en anglais), à M. Forbes Campbell. 1 p. in-8. Enveloppe aut.

Elle est si complétement malade aujourd'hui, qu'elle ne pourra se rendre à l'Hippodrome, comme elle l'avait espéré.

498. LOMBARD, traducteur de l'Enéide, secrétaire intime de Frédéric II, roi de Prusse.   *5.5*

L. aut. sig. à M. Saranton. 4 déc. 1797. 1 p. in-4. Cachet.

LECHEVALLIER, bibliothécaire de Sainte-Geneviève, auteur du **voyage** à la *Troade*. Trois lett. aut. sig., à divers. Ensemble, 5 p. in-4.

499. LORRAINE (Catherine de).   *5.5*

L. aut., à son frère, M. de Luxembourg, duc de Piney. Sans date. 1 gr. p. pl. in-fol. Intéressante.

500. LORRAINE (Catherine de).   *2·7/*

L. aut., à son frère, M. de Luxembourg de Piney. Sans date. 1 gr. p. pl. in-fol. Déchirures enlevant quelques mots de la marge extérieure.

501. LORRAINE (princes de la maison de).   *4·10*

LORRAINE (Henri II de), duc de Guise. Pièce sig. 1684. in-fol.

LORRAINE (Léopold, duc de). L. sig. 1725. 1 p. in-4.

LOREAINE (le cardinal de), primat d'Espinay. L. aut. sig., à M. Gravel (1720). 2 p. in-4.

LORRAINE (L. aut. sig. de M. de Klein, lieutenant-général au baillage de Dièvre. Du 28 mars 1763, sur les bois de). 7 p. in-4.

502. LOUIS XIV, ROI DE FRANCE.   *16*

1° Listes de la main du roi, de cent six noms de personnages les plus marquants dans la noblesse, l'armée, la magistrature, le clergé, etc. 2 gr. pages et demie à deux colonnes in-fol. Curieuse pièce.

2° L. sig., au duc de La Feuillade. 1679. 1 p. in-fol.

503. LOUIS XIV, roi de France.   *2·7/*

1° Neuf lettres et pièces diverses sig., dont une en 1652, et contre-signées par les ministres, avec cachets, etc.

2° Six pièces sig. par les secrétaires da la main sur pap. et sur parch.

504. LOUIS XIV (règne de). Divers.   *3*

ORLÉANS (Philippe de France, duc d'), frère de Louis XIV. — NANCRÉ (A. L. de Dieux, marquis de). — SULLY (le duc de), fils du grand ministre. Billet aut. sig. — SULLY (la duchesse de), mère du précédent. 2 pièces aut. sig. 1701. — Le prieur et touts les membres du couvent des Feuillants de Paris. — DESTOUCHES (Michel Camus). — MALLEBRANCHE (Mathurin). — BAUTRU (Nicolas-Guillaume). — GUÉNÉGAUD (Claude de). — LA PLANCHE (Sébastien-François de), fameux architecte. — PARDAILLAN, etc., etc. Ensemble, 9 pièces sig. et aut. sig.

505. LOUIS XV, roi de France.   *10*

1° Autorisation sig. de payer au duc de Praslin, une gratification de cinquante mille livres sur le fond des Invalides de la marine, pour 1767. Au bas se trouve la quitt. de cette somme, aut. et signée par le duc. 1 p in-4 (incomplète du tiers qui a été coupé).

2° Sa signature au bas d'un mémoire de la main du duc de Praslin, par lequel il demande au roi pour 1769, comme elle lui a été accordée pour 1767, la gratification de cent cinquante mille livres, à prendre sur les dépenses secrètes de la marine... Versailles, 15 mars 1769. 1 p. in-4.

3° Trois lignes aut. au bas d'une demande de traitement. 1 p. in-4.

4° Ordre de payement sig. 1769. 1 p. in-fol.

5° Dix-sept lettres de cachet, passeports, ordres de payement, etc. Sig. par un secrétaire de la main, et contresignés, dont plusieurs sur parchemin. — Et quatre du règne de Louis XVI.

506. LOUIS XVI (faits historiques sur).

L. aut. sig. du chevalier de Reynière, à M. Roatta, avocat à Paris. Turin, 22 mars 1820. 3 gr. p. pl. in-4.

Au sujet de la demande de la continuation de la pension qui lui a été accordée par Louis XVI, pour être accouru le premier à Versailles le 5 octobre 1789 déguisé, pour prévenir de l'arrivée de la bande séditieuse, dont le projet n'était rien moins que de faire main basse sur toute la famille royale....

Brigas (le marquis de), fils de l'ami de Louis XVI. L. aut. sig. 1831. 2 p. in-8, et notice biographique aut. 2 p. et demie in-8.

507. LOUIS XVII, roi de France.

Bon de trente livres (vert) de l'*Armée catholique et Royale*, à l'effigie du jeune roi, et signée Dufour, Bell et Labranche. (Il est en deux morceaux, mais il peut facilement être réparé.) *Rare.*

508. LOUIS XVIII, roi de France.

L. aut. sig., à M. le duc de Polignac, à Kittsce. Vérone, 11 août 1794. 1 p. in-4. Cachet. Curieuse.

509. LOUIS XVIII, roi de France.

1º Ordre de payement sig. Louis-Stanislas-Xavier. 1776. In-fol.

2º Sa sig. au bas d'un brevet de maître d'hôtel (sur parchemin). 1772. Cachet.

510. LOUIS-PHILIPPE Ier, roi des Français.

1º Pièce avec le mot *approuvé*, 1821. 1 p. in-fol. — 2º Commission de garde sig. *Louis-Philippe d'Orléans*. 1826. 2 p. in-fol.

Marie Amélie, reine des Français. Quinze pièces avec le mot *approuvé*, d'une ou de deux lignes aut.

Adélaide d'Orléans (Mme). Quatre pièces avec le mot *approuvé*.

Charles X, roi de France. Deux pièces, dont une signée.

Angoulème (Louis-Antoine, duc d'). Deux pièces signées.

511. LOUIS-PHILIPPE Ier, roi des Français.

L. aut. sig. de son paraphe. Eu, 14 mars 1826. 4 gr. p. in-4. Intéressante.

512. LOUIS-PHILIPPE Ier, roi des Français.

Lettre adressée au roi, par Edouard Cesbron, sur un ministère qu'il lui propose de former. Paris, 18 janvier 1845. Curieuse pièce signée. 5 gr. p. pl. et quart in-fol.

513. LOUIS-PHILIPPE Ier, roi des Français.

L. sig. : *P. Chartres*, comme colonel du 14e régiment de dragons, à M. A. Brunot, à Paris. Valenciennes, 29 août 1791. 1 p. in-4. Cachet brisé. (Petite déchirure par les souris à la marge extérieure, enlevant la fin de deux lignes.) Pièce rare ainsi signée.

514. LOUIS-PHILIPPE Ier, roi des Français.

Deux billets aut. sig. *D.* 1841 et 1843. 2 p. in-8. — Plus, une note aut. Demi-p. in-4.

515. LOUIS-PHILIPPE Ier, roi des Français.

1º L. sig. : *Louis-Philippe d'Orléans*, à M. le marquis de Sémonville. Palais-Royal, 1er août 1830. 1 p. in-fol.

Il lui demande à quelle heure messieurs les Pairs et messieurs les Députés doivent se trouver au Louvre.

« Ce sera mardi prochain 3 août à une heure. »

2º Proclamation aux habitants de Paris (imprimé, une petite page in-8 en travers), distribuée dans Paris et dans les communes de la banlieue le 30 juillet 1830. *Rare.*

516. LOUIS-PHILIPPE Ier, roi des Français.

1º Lettre close sig., contresig., *Barthe.* 1832.

2º Lettre close sig., contresig. *Martin* (du Nord). 1842.

3º Lettre close sig., contresig. *Duchâtel.* 1844.

4º Trois enveloppes de dépêches aut. sig. *D.*

517. MARIE AMELIE, reine des Français.
> 1° L. aut.. à M. H. de Gérente. Paris, 22 oct. 1843. 2 p. et demie petit in-12. — 2° Billet aut. sig., à M. de Chabannes. Petit in-18. — 3° L. sig., à M. le baron Louis. Paris, 27 mars 1832. 1 p. in-4. — 4° Deux enveloppes de lettres aut. sig., cachets et deux lignes aut.

518. NEMOURS (Louis d'Orléans, duc de).
> 1° Douze lignes au crayon sur l'épreuve (sur papier de Chine) d'une gravure (vue de Mascara) faite d'après un dessin original du prince. In-4. 2° L. aut. sig., au général... Sans date. 1 p. in-8.

519. JOINVILLE (François d'Orléans, prince de).
> L. aut. sig. *Fr. Or...* au commandant... Saint-Léonard (Angleterre), 22 avril 1849. 3 p. pl. et quart in-8.
> Il ne s'occupe guère de politique. Il lui semble que l'Italie sera bientôt pacifiée. « Filangieri aura je crois bon marché des Siciliens. Chez nous la majorité de la « nation me paraît fortement décidée à se faire gouverner monarchiquement « sans changer le nom de république. Cela me paraît sage. Restera l'Allemagne « qui, je le crois, nous fera probablement assister cette année aux péripéties les « plus inattendues.... »

520. JOINVILLE (François d'Orléans, prince de).
> 1° Billet aut. sig. : *Fr. O.*, à M. Hernoux. 1844. 1 p. in-18. 2° Billet aut. sig. : *Fr. O.*, au même. 1 p. in-12. — Signature découpée.
> « On donnera *les Saltimbanques*, j'y vais, avant-scène n° 4. »

521. JOINVILLE (Francesca, princesse de), femme du précédent.
> L. aut. sig. : *Francesca* (en portugais). Eu, 4 août 1846. 2 p. pl. in-8. Brésil (l'Impératrice du), femme de Pedro II, fille d'Eugène Beauharnais. Deux lignes aut. pour son secrétaire. Petit billet in-32.

522. AUMALE (Henri d'Orléans, duc d').
> Version grecque (écriture appliquée). 1 p. in-4.

523. MONTPENSIER (Antoine d'Orléans, duc de).
> 1° Version latine, aut. sig. en tête. Vendredi 1er décembre **1837**. 1 p. in-4. 2° Problèmes, aut. sig. en tête. 1 p. in-4.

524. ORLEANS (Mme la princesse Hélène, duchesse d').
> L. aut. sig. de son paraphe, à M. Dodar. 1 p. et quart in-18, enveloppe aut. Papier de deuil. — Autre enveloppe aut.
> Adélaïde d'Orléans (Mme), sœur de Louis-Philippe. Enveloppe aut. Louise d'Orléans, reine des Belges. Enveloppe aut. Wurtemberg (Paul, prince de). L. aut. sig. 1845. 1 p in-8. Fain (Camille), secrétaire du cabinet de Louis-Philippe. L. aut. sig. 1837. 1 p. in-8.

525. LOUIS (Antoine), savant chirurgien-anatomiste.
> Certificat médical aut. sig. Paris, 30 sept. 1774. 1 p. in-4. *Rare.* Dupuytren (le baron), chirurgien. 1° L aut. (minute), à M. le comte... Paris, 27 sept. 1824. 2 p. et demie in-4. Mesures médicales pour les accidents qui peuvent arriver aux obsèques du roi Louis XVIII. — 2° Trois pièces aut. sig., consultations, etc.

526. LOUVET (Lodoïska), femme de J.-B. Louvet, conventionnel, auteur de *Faublas.*
> L. aut. sig., à M. Bosc, membre de l'Institut. Chaney, 18 juin. 1 p. pl. in-4. Intéressante.
> Au sujet de la protection de Carnot qu'elle veut réclamer pour son fils. Le moment est favorable. Sans doute il ne peut avoir oublié l'homme qui tant de fois l'a défendu contre ses ennemis.

527. LOWENDAL (U.-Fr. *Woldemar* de), maréchal de France.
> Deux lett. aut. sig. 1749. 2 p. in-4.

TILLY (le comte de). L. aut. sig., au Roi. Du camp près de Huy, le 20 sept. 1692. 2 p. in-fol. (fortement mouillée).

MONACO (le duc de Valentinois, prince de), premier écuyer de l'impératrice Joséphine. Deux lett. a. s. 1811 et 1833. 2 p. in-8 et in-4.

528. LULLY (Louis), fils aîné de Jean-Baptiste Lully, filleul de Louis XIV.

Constitution d'une rente de cent cinquante livres, à Louis Lully, par la ville de Paris, signée par lui et par les prévôts des marchands et échevins de la ville. 1689. 3 p. in-fol.

529. MAFFEI (le marquis Scipion), auteur de *Mérope*.

L. aut. sig. (en italien), à... Venise. 2 p. in-4. Littéraire.

530. MAGISTRATS. 11 lett. aut. sig., et 5 p. sig.

BARBÉ MARBOIS. Deux lett. — COURVOISIER. — DESQUIRON. — FRANCK CARRÉ. — MOLÉ (Mathieu). Quitt. sig. sur parch. 1624. — SARTINE. Six lett., dont deux aut. sig. — TASCHER (le président). Quatre lett. 1762.

531. MAGISTRATS—jurisconsultes—amiraux—architectes.

BERNARD (de Rennes). — BERRYER père. 1829. 4 p. in-4. — DURANTON. — JOLY. — SCHONEN. Ensemble, cinq lett. aut. sig.
HAMELIN. L. aut. sig. 1 p. in-4. — VER HUELL. Pièce sig.
BLOUET. — BRÉBION. — HEURTIER. — LE BAS. — PERRONET. — PEYRE. Ensemble, six pièces sig. et aut. sig. in-8 et in-4.

532. MAGON (Charles), contre-amiral, tué à Trafalgar.

L. aut. sig., à l'amiral Bruix. Ostende, 19 frimaire an XII. 3 gr. p. pl. in-fol. Tête imprimée. Très-belle lettre.

533. MAINTENON (Mme la marquise de).

Billet aut. à sa chère fille... Mardi matin, petite page in-8 en travers. — Plus, trois lettres à elle adressées (tachées, déchirées et incomplètes), et six adressées à Mademoiselle D'Aumale, se trouvant dans un aussi mauvais état.

534. MAISTRE (le comte Joseph de), auteur du livre *Du Pape*.

L. aut. sig., au prince Kozloffski, à Turin. Sans date. 2 gr. p. pl. et demie in-4. Très-belle lettre.

Il n'a point lu *Les Quatre Concordats*, ainsi il ne peut lui en parler.... Il lui parlera encore moins des pairs, et encore moins des impairs : il suffira de s'en tenir aux principes. « Il n'y a point de charte. Celle qu'on honore de ce nom « est une pasquinade bonne pour amuser les enfants, une singerie ridicule, flé-« trissante pour la nation qui confesse solennellement son indigence en deman-« dant l'aumône à ses voisins. Si j'étois anglois, je rirois bien du budget et des « nobles pairs, et des honorables membres, etc. Rien de tout cela ne peut sub-« sister, et tout doit recommencer. La France guérira comme vous.... »

535. MALABARE (langue).

Lettre du prince Charrequel, écrite sur une feuille de Latanier, espèce de Palmier, et adressée au marquis de Picot, gouverneur des possessions françaises dans l'Inde. Reçue à Maché, le 1er novembre 1773.

536. MALMAISON (budget de).

Budgets de Malmaison avant, et pour 1806 et 1807, approuvés par l'Empereur, et signés, pour copies conformes, par Estève, trésorier général de la Couronne. 2 p. in-fol. — Plus, lettre sig. du comte Estève, du 1er juin 1810, au sujet des dépenses de ce domaine.

537. MANUEL, député de la Vendée.

L. aut. sig., à son collègue... Paris, 18 mai. 1 p. pl. in-8.

538. MARBEUF (le comte de), gouverneur de l'île de Corse.

L. aut. sig., à Messieurs... Bastia, 8 juin 1785. 1 gr. p. pl. et demie in-fol.

Au sujet des plaintes que M. l'évêque d'Ajaccio a portées au Roi du refus que fait le chapitre de sa cathédrale de se rendre comme il le lui avait prescrit, au couvent des religieux de Saint-François le jour de l'Assomption dernière, pour

y célébrer le service divin, et assister ensuite à la procession qu'il est d'usage de
faire ce même jour, depuis que la Corse est réunie à la France....

539. MARCHESI (Luigi), célèbre chanteur italien. 1819.-1755.
Quitt. aut. sig. (en italien), de la somme de 3400 florins, pour avoir
chanté dix-huit fois dans l'hiver. Vienne, 10 juillet 1802. 1 p. in-8
en travers, portr. gravé in-18. *Très-rare.*

540. MARECHAUX DE FRANCE, etc., avant 1789.
BELLE-ISLE. L. aut. sig. 1744. 1 p. pl. in-4. — BOUFFLERS. L.
aut. sig. 1692. 1 p. in-4. Cachet. — VILLARS. L. sig., 1733. 3 p.
in-4. — CRILLON (le marquis de). Pièce sig. 1694. 1 p. in-4. Cachet.
— CRÉQUI (François, sire de), gouverneur de Béthune. 1659. 1 p.
in-4. Cachet.

541. MARECHAUX DE FRANCE. 8 lett. aut. sig.
CASTRIES. 1774. 1 p. in-4. — NOAILLES. 1783. 3 p. in-4. — MOUCHY
(le comte de Noailles, maréchal de). Quatre lett. 1750 à 1777. 5 p. in-4.
— SOUBISE. 1786. 2 p. in-4. — VIOMENIL. 1774. 1 p. in-4.

542. MARECHAUX DE FRANCE. 9 lett. aut. sig.
BEURNONVILLE. Deux lett. et pièce. 1815. — GÉRARD. 1832. — LOBAU.
1819. — MACDONALD. Deux lett. An XI et 1837. — MAGNAN. 1852. —
MAISON. — MOLITOR. 1835.

543. MARECHAUX DE FRANCE. 8 lett. aut. sig.
MONCEY. An IX. — NEY. Billet de 3 lig. aut. sig. 1811, et deux
lett. de change signées. — OUDINOT. 1842. — REILLE. Deux lett. 1810
et 1844. — SÉRURIER. Deux lett. 1807 et 1811. — VAILLANT. 1846.

544. MARECHAUX DE FRANCE, depuis 1789.
Quatorze lett. et pièces sig., la plupart in-fol., dont : Augereau,
Bernadotte, Masséna. Moncey, etc.

545. MARECHAUX DE FRANCE (femme des).
BESSIÈRES, duchesse d'Istrie. L. aut. sig. 1834. 2 p. in-8. — LAU-
RISTON (marquise de). L. aut. sig. 2 p. in-8. — OUDINOT, duchesse de
Reggio. L. aut. sig. 1838. 3 p. in-4. — RICHELIEU (duchesse de).
Lett. sig. 1784. 1 p. in-4, et billet aut. sig. (à la 3e personne). 1 p.
petit in-18.

**546. MARIAGE DU DUC DE JOYEUSE ET DE MADE-
MOISELLE DE VAUDEMONT.**
*Articles du mariage d'entre Monsieur le duc de Joyeuse et Mademoi-
selle de Vaudémont, arrestez le dix-huitième jour de septembre 1581 à
Paris.* Contrat original signé par le roi Henri III et la reine Louise de
Lorraine; Louis de Bourbon, duc de Montpensier; Charles de Lorraine;
Catherine de Lorraine; Charles, cardinal de Vaudémont; Marguerite
de Lorraine, Anne de Joyeuse; Ph. Emmanuel de Lorraine, duc de
Mercœur; Marie de Batarnay (Mlle de Vaudémont), et contresigné par
Brulart, secrétaire d'Etat du roi. 5 gr. p. pl. et demie in-fol. Très-
belle pièce.

547. MARIE-JOSEPHE DE SAXE, femme du Dauphin, fils
de Louis XV.
L. a. s., à Mlle Silvestre. Fontainebleau, 22 oct. 1750. 4 p. pl. in-4.
Tendre et affectueuse lettre. Elle la gronde de ce qu'elle ne lui dit rien d'elle,
de sa famille.... « De Mme Martinitz, ni de mes femmes, et de toutes mes con-
« noissances. Croyez-vous peut-être que quand on a fait un enfant on oublie tout le
« monde? Si c'est là votre idée vous vous trompez furieusement, car je suis
« depuis mes couches tout comme j'étois auparavant, et de faire un enfant ne
« m'a point du tout changé le cœur... »

548. MARIE-JOSÉPHINE-LOUISE DE SAVOIE, femme
du comte de Provence, depuis *Louis XVIII.*
L. aut. sig., à Madame la comtesse Diane de Polignac. Mittau, 12-24
avril 1807. 3 gr. p. pl. in-4. Cachet. — Pièce sig. 1789.

549. MARIE-THERESE D'AUTRICHE, impératrice d'Allemagne, reine de Hongrie et de Bohême. N. 1717. M. 1780.

Apostille (découpée) de 6 lignes aut. sig. (en latin). 1 p. in-12. Portr. lith. in-4. Nomination d'Adam Batthyany.

2o Copie moderne d'une lettre écrite en 1768 par Marie-Thérèse à sa fille Caroline qui venait d'épouser le roi Ferdinand IV. 4 gr. p. in-fol. (L'original de cette lettre appartient à S. M. l'Empereur de Russie).

550. MARIE-ANNE, archiduch^{se} d'Autriche, reine de Naples.

L. aut. sig., à sa chère comtesse... Sans date. 2 p. pl. 1/2 in-8.

Aussitôt qu'elle a appris la mort de Mme Elisabeth, elle s'est occupée de la peine que cela lui causerait... « Mme Elisabeth est morte comme elle avoit vécu « c'est-à-dire en héroïne chrétienne, ses vertus feront l'admiration de la pos- « térité la plus reculée, et serviront de modèle; où on atteindra pourtant diffi- « cilement. Je sens tout ce que le comte d'Artois aura éprouvé en apprenant « cette terrible nouvelle... »

551. MARIE, mère de l'empereur Alexandre.

L. sig., à Madame la comtesse de Polignac. Pavlovsk, 21 août 1811. Demi-p. in-4.

Rescrit sig. (en russe), en faveur du sieur Raimbert, négociant français. 2 oct. 1779. 2 gr. p. in-fol. Cachet, avec traduction en français.

NICOLAS Ier, empereur de Russie. Enveloppe de lettre aut. (au crayon), pour sa sœur, la grande duchesse de Weimars. Cachet. — Vers, ou satire contre l'Empereur Nicolas : *Varsovie!* par Nicolas Peyrat. Aut. sig. 2 p. in-4.

552. MARIETTE (Jean), dessinateur, graveur et imprimeur.

1o L. aut., à M. Pond, à Londres. Sans date 3 gr. p. pl. 1/2 in-4.

Lettre intéressante relative à des estampes dont il lui donne la nomenclature très-détaillée. Il va mettre incessamment au jour une suite de têtes d'après Vandyck que le comte de Caylus vient de graver.

2o Mémoire d'estampes fournies par Le Bas, graveur du Roi. 2 pages in-4, sur le 3e feuillet, et lettre de M. Charles Selwin (en anglais), à M. Arthur Pond, à Londres. Paris, 5 janvier 1748. 1 p. pl. in-8.

553. MARIGNY (Poisson, marquis de), frère de la marquise de Pompadour, directeur général des bâtiments.

L. aut., à l'abbé.... Versailles, 2 mars 1768. 2 p. pl. 1/2 in-4.

Curieuse lettre au sujet de la candidature de Gresset à l'Académie française. Réponse que vient de lui faire sa sœur, la marquise de Pompadour, au sujet de cette candidature.

554. MARIGNY (Poisson, marquis de). *Le même.*

1o L. sig., à l'architecte Gabriel. Versailles, 1762. 1 p. in-fol.

2o Note aut. sur les affaires de la cour. 3 p. pl. in-4.

Nouvelles du roi. Mariage des princes de Bourbon et de Conti. Les nouvelles de la paix qui viennent du côté des ennemis n'ont rien de certain. Elle serait pourtant bien à désirer. Il y a eu une affaire assez triste l'autre jour entre M. le comte d'Harcourt et M. le duc d'Estrées. « On prétend qu'il y a eu un « soufflet donné à ce dernier, avec quelqu'autre chose peu gracieuse... » Longs détails sur cette affaire dont le roi a eu connaissance et dont il a parlé lon- guement.

555. MARIGNY (Charles-René-Louis *de Bernard*, vicomte de), vice-amiral. N. 1740. M. 1816.

1o Autorisation de 5 lignes aut. sig. (sur une pièce incomplète). Brest, 9 août 1791.

2o Etat (aut. sig.) de ce qui manque des ustensiles des différents maîtres dans le magasin de la frégate la Danaé, pour l'armer en guerre, conformément au règlement de 1763. Brest, 28 nov. 1772. 1 gr. p. pl. in-fol. Cette pièce est aussi sig. par le comte d'Estaing.

556. MARINS CELEBRES, français et étrangers.

LASTIC (le chevalier de). Deux lett. 1771-73. — MONITARD DE SAINT-AULARY. 1782. — MOULABRIÉ. 1779. — MONTIER (le chevalier de).

1768. — Pontevès. An IV. — Kersaint (le chevalier de). 1789. — Du Petit-Thouars (Aristide). 1792. — Sané. An VI. — Thévenard. — Deux lett. 1786 et 1791. — Vaudreuil (le chevalier de). 1769-78. — Villeneuve Cillart (le chevalier de). 1783. — Villette Mursay. 1691. — Ensemble 15 lett. aut. sig.

557. MARINS CÉLÈBRES, français et étrangers.
Brueys (le chevalier de). 1770. — Anderson (Robert). 1813. — De Cambefort. 1750. — Clavières (le chevalier de). 1780. — Du Bouexic. 1783. — Escano. 1800. — Forbin (le chevalier de). État des vivres à embarquer pour le navire le *Marquis* qu'il commande. 1692. 3 p. in-fol. — Galle (le chevalier de). Deux pièces aut. sig. 1778 et 1781. — De Grand Pré. 1724. — La Bretonnière. An XII. — La Rochefoucauld Puirousseau. 1786. Ensemble, 12 lett. et pièces sig. et aut. sig.

558. MARMONT (le maréchal), duc de *Raguse.*
L. aut. sig., à Madame... 11 janvier. 1 p. in-8.
Marmont (Madame la maréchale Raguse, duchesse de).
L. aut. sig., à Madame.... 13 mai. 2 p. in-18.

559. MARMONT (Mme la maréchale), duchesse de *Raguse.*
L. aut. sig., à M.... Paris, 19 avril 1815. 2 p. in-4.
L'Empereur a excepté du séquestre tous ses biens meubles et immeubles propres...
Marmont (le maréchal), duc de Raguse. L. sig., au baron Pasquier. Paris, 2 août 1815. 1 p. in-4.

560. MARMONTEL, littérateur, de l'Académie française.
L. aut. sig., à M... Paris, 15 mai. 2 p. in-4 (un peu tachée).

561. MARS (Mlle), célèbre comédienne.
L. aut. sig., à M... Sans date. 2 p. in-8.

562. MARSEILLE (peste de), en 1720.
1° Lagrange. L. aut. sig., à Mgr.... Rocroy. 12 oct. 1720. 3 p. in-4.
2° Verdy de Folliot, médecin. L. aut. sig., à Mgr.... Belfon, 14 oct. 1720. 4 p. in-4.
Il demande à être envoyé à Marseille pour y combattre la peste avec un nouveau médicament de sa composition.
3° Royer, chirurgien major. L. aut. sig., adressée au ministre. Au Martigues, le 9 avril 1721. 4 p. pl. in-4. (Fortement tachée par le vinaigre dans lequel elle a été trempée.)
Situation sanitaire de la ville, sa visite dans les hôpitaux et dans les maisons particulières. Le mal est toujours bien grand Il a eu le malheur de n'y trouver que de la confusion par la mauvaise intelligence et la jalousie parmi les chirurgiens.

563. MARTIN (Henri), auteur de l'histoire de France.
L. aut. sig., à M. Gentil. Paris, 7 janvier. 1 p. et demie in-8.
Martinville, journaliste et auteur dramatique,
1° L. aut. sig., à M. .... Paris, 10 mai 1823. 4 p. in-4.
2° Fragment d'un feuilleton. 4 p. in-4.

564. MARTIN BERNARD, commissaire de la République dans le département du Rhône, en 1848.
L. aut. sig., au citoyen colonel de Grammont (plus tard général). Lyon, 7 juin 1848. 1 p. pl. in-8.
Marrast (Armand), président de l'Assemblée constituante de 1848. L. aut. sig., à madame .... 1 p. pl. in-8.
Champcenetz (Jean-Louis-Quentin). Pièce relative à la séquestration de ses biens par suite de l'émigration de son fils aîné. Signée par Durand Maillane et Pons de Verdun. An III. 4 gr. p. in-fol.

565. MARTINEZ DE LA ROSA (don Francisco), ministre, ambassadeur, poëte.

L. aut. sig., à MM. René et Cie, imprimeurs. 19 février 1842. 2 p. pl. in 8. Curieuse.

566. MASSÉ (Victor), compositeur des *Noces de Jeannette*.

Tayaut, chasse. Musique aut. sig. 7 gr. p. in-fol.

567. MASSENA (le maréchal), duc de Rivoli.

L. aut. sig., au citoyen sénateur .... Ruel, 6 floréal .... 1 p. pl. in-4. *Rare*.

...Il s'est présenté deux jours de suite à Saint-Cloud. « .... J'ai resté à chaque, « deux heures dans la salle des huissiers sans pouvoir avoir l'honneur de voir « le premier consul. « Vous dire, citoyen sénateur, que ce refus ne m'a fait la « plus grande peine, ce seroit ne pas vous dire la vérité... »

568. MASSENA (le maréchal), duc de Rivoli.

1º L. sig., au duc de Feltre. Paris, 16 août 1812. 1 p. in-4.
2º L. sig., à Saliceti. Antibes, 19 floréal an VI. 2 gr. p. in-fol.
Au sujet de la permission de venir à Paris qu'il a vainement demandée au Directoire pour présenter sa justification.

569. MATHEMATICIENS. 6 lett., et pièces aut. sig.

FARINA (Felippo). (En italien). 3 p. in-4. — GUÉRARD. 2 p. in-8. POINSOT. Billet aut. sig. — RIBOURT. 1814. 2 p. in-fol. — ROCHE. An VII. 2 p. in-4. — ROMME (Ch.). An XII. 1 p. in-4.

570. MAURY (le cardinal), archevêque de Paris.

1º Quitt. sig. Paris, 1813. 1 p. in-4.
2º Lett. non sig., à Mme de Fortia. Paris, 21 déc. 1806. 1 p. in-8.
JAUBERT (Guill.-Aug., baron de), évêque de Saint-Flour. Envoyé en 1817 en mission à Rome par Louis XVIII.
L. aut., à Mme de Fortia. Rome, 28 juin 1817. 4 gr. p. pl. in-4.
Lettre intéressante, en partie relative à l'avarice et aux derniers moments du cardinal Maury, qui excitait peu de considération par sa manière de vivre à Rome.

571. MAZARIN (le cardinal), ministre de XIV.

L. avec neuf lignes aut. sig. (en italien). Paris, 16 février 1648. 1 p. in-fol.

572. MEDECINS, *chirurgiens*. 15 lett., et pièces aut. sig.

ADELON. — ALIBERT. Lettre et deux ordonnances médicales. — ANDRAL. — AUZOUX. 1852. — BIET. — BOUVART. 1774. — BOUVIER. Deux ordonnances. — BOVER. 1785. — BRESSY. 1819. — BUCHEL. — BUISSON. 1819. — CAPMAS. 1819.

573. MEDECINS, *chirurgiens*. 19 lett., et pièces aut. sig.

CHAUSSIER. Deux pièces. 1816-1822. — CIVIALE. — DESGENETTES. Trois lett. — DOUBLE. Deux lett. — DUBOIS (Ant.). Quatre pièces. — DUBOIS (Guillaume). 1782. — DUBOIS (Paul). — DUSSAUX. 1831. — GAULTIER DE CLAUBRY. 1826. — GENDRIN. — HUSSON. 1836. — KOREFF.

574. MEDECINS, *chirurgiens*. 13 lett., et pièces aut. sig.

LALLEMAND (de Montpellier). 1841. — LARREY. 1838. — MAGENDIE. 1834. — MARJOLIN. — PARISET. Deux pièces. 1825. — PASQUIER. — PELLETAN. — PETIT (Édouard). 1814. — PHILLIPS, propagateur du strabisme. — PINEL. 1814. — ROYER-COLLARD (Hippol.). — SAUVAGE.

575. MENOU, général en chef de l'armée d'Egypte.

L. aut. sig., au citoyen Fontenay. Tours, 8 sept. an II. 1 p. et demie in-4. Cachet.

576. MERCADANTE (Saverio), célèbre compositeur dramatique. N. 1798.

Mélodie à quatre voix. Aut. sig. Naples, 27 octobre 1841. — *An-*

dante. Aut. sig. de Fétis. — *Le départ.* Aut. sig. de Martin d'Angers. Ensemble, 4 p. in-3 en travers.

577. MERCIER (Louis-Sébastien), littérateur et auteur dramatique.   N. 1740. M. 1840.
L. aut. sig., à madame .... 1 p. in-4. Curieuse. Caricature gravée (L'auteur tombé). In-fol.

578. MERCOEUR (Élisa), poëte, surnommée *La Muse Nantaise.*
L. aut. sig , à M. Mainvielle, directeur du théâtre de Nantes. Sans date. 2 p. pl. in-4.
Lettre intéressante au sujet de sa tragédie ; elle voudrait bien que le principal rôle fût confié à Mlle Mars : motifs.

579. MERCOEUR (Élisa). *La même.*
1º *A madame Récamier.* Pièce de vers (13) aut. sig. 1 p. in-fol. Derrière se trouve le titre aut. de sa tragédie de *Boabdil.*
2º Épître en vers, au docteur .... Aut. 1 p. pl. in-4. Les 3 autres pages sont remplies de devoirs d'écriture.
3º Plusieurs portraits dessinés à la plume. 2 p. in-4.

580. MESSIER (Charles), savant astronome.
1º L. aut. sig., à son frère. Paris, 9 sept. 1761.
2º L. aut. sig., au même. Paris, 9 avril 1783. 1 p. in-4.

581. MEYERBEER, compositeur de musique.
Quatre lettres aut. sig. 4 p. in-8 et 1 p. in-4.

582. MICHALLON (Claude), célèbre sculpteur.
Quitt. aut. sig., de la somme de quatorze écus romains trois pauli, reçue de M. Lagrenée, directeur de l'Académie de France. Rome, 30 juin 1786. Demi-page in-4.
VINCENT (François-André), peintre. L. aut. sig., à M. Lemoyne, architecte. Paris, 13 juin 1810. 1 p. et demie in-4.

583. MICHEL PAVLOVITCH (le grand duc).   M. 1849.
L. sig., au prince Kozloffski. Saint-Pétersbourg, 8-20 mars 1826. 1 p. in-4.
HÉLÈNE PAVLOVINA (Frédérique-Charlotte-Marie de Wurtemberg), femme du précédent.
1º L. aut. sig. *H.*, au prince Kozloffski, à Varsovie. Saint-Pétersbourg, 24 mai-8 juin 1839. 4 p. pl. petit in-8.
Lettre intéressante au sujet de la santé du maréchal Paskiévitch, mais il ne faut pas se fier entièrement à son médecin (Hopp, de Hanau), qui n'a pas trop bien deviné le mal du grand-duc... « Notre noce est fixée au 2/14 juillet, « et je vous conseille bien de n'arriver qu'en août, car comment suivre des fêtes « et courir de campagne en campagne avec une santé comme la vôtre? — Ce « serait folie!... »
2º Billet aut., au même. Au palais d'Oranienbaum. 1838. 3 p. in-18.

584. MICKIEWICZ (Adam), célèbre poëte polonais.
Deux vers aut. sig. (en polonais). 1837. Demi-page in-4.
Notice aut. sig. par son ami, François Grzymala. 1 p. in-4.
ADAM CZARTORYSKI. 3 lig. aut. sig. (en polonais).

585. MICKIEWICZ (Adam), célèbre poëte polonais.
L. aut sig. (en polonais), au docteur Wolowski. Paris, 16 sept. 1841. Demi-page in 8.
TENGOBORSKI (Louis de), économiste. L. aut. sig. Vienne, 11 oct. 1843. 3 p. pl. et demie in-4. Au sujet de la publication d'un de ses ouvrages.

586. MIGUEL (don Miguel-Marie-Evariste), prince de Bragance.   N. 1802.
L. sig. *Rey,* en portugais. Santarem, 3 mai 1834. 1 gr. p. in-fol. Cachet.

587. MILLEVOYE, poëte élégiaque.

L. aut. sig., à son ami Jomard. 4 nov. 1808. 3 p. pl. in-8.

588. MINA (Espoz y), célèbre général espagnol.

L. sig., au docteur Oméara, à Londres. Cambo, le 10 oct. 1834. 1 gr. p. pl. in-4. Cachet.

Depuis son départ d'Angleterre il a été bien malade; il espère que sous peu de jours il aura le bonheur de rentrer dans sa patrie. Le commandement de la Navarre lui a été confié par son gouvernement, etc.

Kosciusko (Thadée), célèbre général polonais. Fin de lettre (découpée) de deux lignes aut. sig. Paris, 21 ventôse an IX.

589. MINISTRES avant 1789. 14 lett. aut. sig.

Angiviller. 1780. — Bertin. — Foullon. — Laporte. — Machault. 1770. — Miroménil (le comte de). 1787. — Miroménil (Hue de). — Pontchartrain. 1691. — Trudaine. Deux lett. 1741-42. —Trudaine de Montigny. Deux lett. 1767. — Vergennes. Deux lett. (dont une aut.). 1776.

590. MINISTRES depuis 1789. 22 lett. aut. sig.

Barthe. Deux lett. — Bernard. — Bignon (E.). — Billault. — Bouchotte. — Champagny. — Claret-Fleurieu. — Corvetto. — Cubières. — Decazes. Quatre lett. —Dejean. Cinq lett. — Dejoly, — Delacroix (Ch.). — Dessoles.

591. MINISTRES depuis 1789. 26 lett. aut. sig.

Dumon Quatre lett. — Dupont (le comte). — Forfait. Quatre lett. — François de Neufchateau. Trois lett. — Garat. — Gasparin. Deux lett. — Gohier. — Lacuée. Trois lett. — Lainé. — Louis (le baron). — Malouet. Deux lett. — Martin (du Nord). Deux lett. — Mérilhou.

592. MINISTRES depuis 1789. 17 lett. aut. sig.

Montalivet, père. Trois lett. —Montalivet, fils. — Montbel. — Passy (Ant.). Deux lett. — Persigny. — Persil. — Pasquier. — Portalis, fils. — Roy. Deux lett. — Salvandy. Deux lett. — Villemain. — Vitrolles.

593. MINISTRES, *hommes d'Etat, députés,* etc.

Caux (de). — Clément (du Doubs). — Cochin, fondateur de la première salle d'asile. — Decos (Théodore). — Humblot-Conté. — Lacave Laplagne.— Las-Cases (Emmanuel de). —Martin (du Nord). — Polignac (le prince Jules de). 1841. — Guernon-Ranville. — Roy (le comte). 1825. Intéressante. — Vivien. — Ensemble, onze lett. aut. sig., et une aut., in-8 et in-4. Très-beau lot.

594. MINISTRES, *hommes d'Etat,* etc. 6 lett. aut. sig.

Abbatucci. An XII. 1 p. in-4. — Chaptal. 1 p. in-8. Nouvelles du 1er consul Bonaparte. — Lebrun, 2me consul. An IX. Demi-page in-4. — Rémusat. An XII. Demi-page in-4. Invitation à passer la soirée chez madame Bonaparte. *Il y aura un violon.* — Roederer. 1808 1 p. in-8. — Saliceti. Au 1er consul. Demi-page in-4.

595. MINISTRES ET HOMMES D'ETAT AVANT 1789.

Dix-sept lett. et pièces sig., in-4 et in-fol.

596. MIRABEAU (le comte de), orateur célèbre.

L. aut. sig., à M. Boucher. Donjon de Vincennes, le 7 déc. 1778. Demi-page in-4. Fac-simile in-fol.

Mirabeau (le marquis de), père du précédent, économiste. L. aut. sig. Paris, 23 août 1777. 1 p. in-4.

Mirabeau (le chevalier de). Huit lett. aut. sig. et plusieurs pièces sig. datées de Marseille, la Martinique, la Guadeloupe, etc. de 1753 à 1767. Ensemble, 39 p. in-4. Toutes ces pièces sont incomplètes, ayant été coupées au tiers environ, à la marge extérieure.

597. MIRABEAU (le comte de). *Le même.*

1° L. aut. sig., à M. Boucher. (Du donjon de Vincennes) 19 août 1780. Demi-page in-4. Cachet. Postcriptum aut. près de la suscription.

Il lui envoie une lettre pour M. Turgot... « Songez, mon cher ange, que je « n'ai point la lettre de Sophie que vous m'avez annoncée, et qu'il y a un siècle « que je n'en ai eu. »

2° Fragment aut. d'un traité sur la musique. 4 gr. p. pl. in-4.

3° Mémoire sur Saint-Domingue et les Antilles françaises, aut. de M. de Comps, avec des corrections aut. de Mirabeau. 29 p. à mi-marge, in-4.

4° Trois fragments aut. de Mirabeau.

598. MOLE (le comte), ministre et homme d'État.

Cinq lett. aut. sig., de 1806 à 1833. In-8 et in-4.

599. MOLE (Mlle Julie Delavigne, femme), puis femme Légé, ensuite comtesse de Vallivon, célèbre actrice. **M. 1832.**

L. aut. sig., à l'assemblée de messieurs et dames, artistes sociétaires du théâtre impérial de l'Opéra-Comique. Paris, 25 mars 1812. 1 p. pl. et demie in-4. (Forte tache au bas de la marge intérieure, en partie enlevée.)

Elle désire faire représenter dans la représentation à son bénéfice, un de ses ouvrages en quatre actes, aussi intéressant que sa pièce : *Misanthropie et repentir...*

SIMON (Mlle Marie), actrice de la Comédie-Française, excellente dans Misanthropie, etc. L. aut. sig., au citoyen Rewbel. Ce 27... 2 p. et demie in-12.

Pressante sollicitation en faveur d'un prisonnier.

600. MOLE (Mlle Julie Delavigne, femme). *La même.*

L. aut. sig., comme actrice du théâtre de l'Impératrice, à M. .... Sans date. 2 p. pl. in-8. Curieuse.

601. MOLLIEN, ministre du trésor public.

Six lett. aut. sig., an VI à 1830. 9 p. in-4 et in-fol.

602. MOLTEDO, député de la *Corse* à la Convention.

Note aut. sig., pour le ministre de la guerre. 1 gr. p. in-4.

Il demande pour le représentant du peuple délégué en Corse, Lacombe Saint-Michel, le grade de chef de brigade... « Le citoyen Buonaparte, capitaine d'ar-« tillerie, qui commande en ce moment la batterie contre Toulon me paroit aussi « susceptible du grade de chef de bataillon... »

603. MONGE (Gaspard), mathématicien, ministre de marine.

L. aut. sig., à son collègue .... Paris, 19 ventôse an XII. 1 p. pl. et demie in-4.

Ils sont infiniment sensibles, Eschassériaux et lui, non-seulement à la démarche qu'il a bien voulu faire pour lui, mais encore à la promptitude et à la grâce qu'il y a mises... Pour qu'il ose lui demander un mot de recommandation, « il faut tout l'attachement que j'ai pour Eschassériaux, et la conviction où je « suis que vous connoissez ses vertus, ses services, son dévouement au gou-« vernement... »

604. MONGE (Gaspard), ministre de la marine.

1° Quatre lett. aut. sig., à divers. In-4 et in-fol.

2° Deux lett. et pièce sig. 1793. 4 p. in-4 et 1 p. in-fol.

3° Neuf lett. et pièces sig., et aut. sig., in-4 et in-fol. Plusieurs incomplètes.

605. MONTALEMBERT (le comte de), pair de France, membre de l'Académie française.

Trois lett. aut. sig., à divers. 6 p. in-8 et in-4.

606. MONTEIL (Amans-Alexis), historien.

1° L. aut. sig., à M. Dejean. Aubin. 29 pluviôse an II. 1 p. in-4.

2° L. aut. sig. Passy, 8 janvier 1836. 1 p. in-4.

FONVIELLE (le chevalier de), écrivain politique, fabuliste, poëte. L. aut. sig., au roi. Paris, 9 oct. 1833. 1 gr. p. in-4.

FOUDRAS (le marquis de), poëte, fabuliste. 2 lett. aut. sig. 3 p. in-8 et in-4.

607. MONTGON (l'abbé Charles-Alexandre de), resta quelques années auprès de Philippe V, roi d'Espagne, et revint en France pour travailler secrètement à lui assurer la succession à la couronne de France, à la mort de Louis XIV. A publié ses mémoires. N. 1690. M. 1770.

L. aut. sig., à M... (Espagne), 28 oct. 1726. 3 p. pl. in-4. Curieuse lettre. Affaires politiques.

608. MONTUCLA (Etienne), savant mathématicien.

L. aut. sig., à sa femme. Cette lettre, commencée à Cayenne le 1er avril 1765, n'a été terminée que le 25 mai, à La Rochelle. C'est comme un journal de bord, écrit jour par jour pendant son retour en France, et rempli de détails intéressants. 12 gr. p. pl. in-4.

609. MORGAN (lady), célèbre romancière.

L. aut. sig., à Mlle Dudley. 3 p. pl. in-8. Intéressante. ROGERS (Samuel), poëte. L. aut. sig. (en anglais). 1 p. et demie in-8.

610. MURAT (Joachim), roi de Naples.

L. aut. sig. de ses initiales J. M., à son oncle, le cardinal Fesch, le 22 juillet... 2 p. in-8. Curieuse.

611. MUSICIENS (violonistes et violoncellistes). 7 lett. aut. sig., une pièce musicale et un portrait (dessin).

BATTA (Alex.) 2 p. in-8. — BAZZINI. Pièce musicale. 1856. 1 p. in-8. — BOSCHSA. 1813. 1 p. in-4. — DAVID (Ferdinand). 1844. 1 p. in-4. — FURSTENAU (M.). 1845. (en allemand. 2 p. in-8. — FURSTENAU (A.-B.). 1839. (en allemand). 2 p. in-8. — COLLMICH (Carl.). 1852. (en allemand). 1 p. in-8. *Portr.* (dessin à la plume). — KLENGEL (Aug.-Alex.). Sa biographie aut. (en allemand). 4 gr. p. in-4.

612. MUSICIENS (violonistes et violoncellistes). 7 lett. aut. sig., une pièce musicale, et un portrait (dessin).

KONTSKI (Antonin). 1841. 2 p. in-8. — LACHNER. 1856. (en allem.). 1 p. in-8. — LAUB (Ferdinand). 1853. (en allem.). 1 p. in-8. — MENGEL, aîné (J.). 1823. 2 p. in-4. — PARKE. 1827 (en anglais). 1 p. in-8. Portr. (dessin à la plume). — PUZZI. 1825. 1 p. in-8. — RINCK (Ch.-H.). Pièce musicale. 1 p. in-4. *Rare.* — ROPIQUET. 1855. Aut. sig. de ses initiales. 3 p. in-12.

613. MUSSET (Alfred-Louis-Charles Patey de), poëte, membre de l'Académie française.

1° L. aut. sig., à Madame Jaubert. 1 p. in-8.

Il voulait aller ce matin la voir... Mais il a un acte d'une comédie à l'imprimerie, un autre qui court, et un autre qui se fait; le tout pour demain; jamais il n'aura fini, il est sur le gril; il se voue à touts les saints.

2° L. aut. sig. (à la 3e personne), à la même. 1 p. in-8.

614. NANTAIS (affaire des quatre-vingt-quatorze), devant le tribunal révolutionnaire.

Plaidoyer aut. de Villenave. 15 gr. p. pl. gr. in-fol. Il a écrit en marge : *Plaidoyer destiné à être prononcé par moi, au Tribunal révolutionnaire ; à Paris, le jour du jugement des 94 Nantais. Je passai toute la nuit qui précéda ce jour à le composer. Je fus détourné par le citoyen Gaillard, notre défenseur, de le prononcer : Vous avez été annoncé ici, me dit-il, comme un homme de talent, un orateur. Si vous plaidez vous êtes perdu, Contentez-vous de répondre par oui ou NON. Je le fis et je fis bien.* Précieux document pour l'histoire de la Vendée.

GAILLARD LA FERRIÈRE, avocat, défenseur des 94 Nantais, devant le tribunal révolutionnaire. L. aut. sig. 1 p. in-4.

615. NAPOLEON Ier, *empereur des Français.*
L. aut. sig. comme général en chef de l'armée d'Italie, à Fesch (son oncle). Qnartier général de Nice, le 21 frimaire. 1 p. in-fol. Titre et vignette gravés en tête. Rare, entièrement autographe.

616. NAPOLEON Ier, *empereur des Français.*
L. aut. sig. de son initiales *B.*, probablement à son oncle Fesch, depuis cardinal. Paris, 21 fructidor... 1 p. 3/4 in-8. Précieuse pièce.
La place qu'il aura dans les charrois est très-honorable, puisqu'elle est d'inspecteur avec 800 livres par mois, et trois rations de pain, de viande et de fourrage. L'on est très-tranquille à Paris. L'on a très-tort de voir les choses au tragique, la République puissante au dehors, saura bien rétablir la police au dedans... Rien de nonveau de la Vendée et du Midi, si ce n'est que la Convention a fait des décrets très-sévères pour la patrie et les émigrés.

617. NAPOLEON Ier, empereur des Français.
L. sig. de Laurent Bartolini, statuaire, qui offre à la souscription une statue représentant l'empereur Napoléon le Grand, de la hauteur de seize pieds, en marbre blanc, de la qualité la plus durable, avec un piédestal richement orné, pouvant placer des inscriptions dans le fût et dans les deux autres latéraux, etc., etc. Florence, 5 janvier 1835. 2 p. in-4.
L. sig. (imprimée) d'Isabey, qui prévient le public que la gravure faite d'après le portrait en pied du premier consul Bonaparte, qu'il a exposé cette année au salon, est terminée... Paris, 1er germinal an II. 1 p. in-4.

618. NAPOLEON Ier, empereur des Français.
Extrait des lettres écrites à bord du vaisseau de S. M. Britannique et à Sainte-Hélène, ou relation de la vie privée et des conversations de Buonaparte et de sa suite durant le voyage et pendant les premiers mois de sa résidence dans cette île. Par William Warden, chirurgien du vaisseau, embarqué sur le Northumberland. Manuscrit de 64 p. in-4.

619. NAPOLEON (monument élevé à la mémoire de), dans la ville d'Ajaccio, où il est né, et souscription à son masque, moulé à Sainte-Hélène, par le docteur Antomarchi.
Six pièces officielles et particulières datées de Paris, d'Ajaccio (1833). Ensemble, 7 p. in-4 et in-fol.

620. NAPOLEON Ier (cheveux de l'Empereur).
Mèche de cheveux de l'empereur Napoléon Ier, donnée par M. Caporal à M. de T..., avec une lettre d'envoi de M. Caporal (26 oct. 1846) qui les avait reçus de M. le général Savary, duc de Rovigo.

621. NAPOLEON III, empereur des Français.
L. aut. sig., à madame... Gottlieben, 26 mai 1838. 1 p. pl. petit in-4. Jolie et aimable lettre.

622. NAPOLEON III, empereur des Français.
L. aut. sig., à M. Ornano, à la citadelle de Doulens. Forteresse de Ham, 26 mars 1842. 1 p. pl. in-8. Intéressante.

C23. NATURALISTES. 20 lett. aut. sig.
Bouchey. An IV. — Croizet. 1836. — Christol. 1828. — Dujardin. Deux lett. — De Candolle. 1806. — Desnoyers (J.). Quatre lett. — Guillemin. 1832. — Latreille. 1828. — Lauréal. 1837. — Lecoc. Deux lett. 1831. — Lipopold (en allemand). 1829. — Orbigny. 1838. — Thouin. 1813. — Rossy (Félix de). 1833. — Bosc. 1824.

623 *bis*. NEGRO (Francesco), littérateur, auteur de comédies libres. Né à Bassano.
L. aut. sig. (en italien et en latin), à M. Antonio Sardelino de Rovereto. Bassano, 17 mai 1525. 1 gr. p. pl. in-fol. Belle et rare lettre. Trace de Cachet.

624. NEUILLY ET VILLERS (réclamations pour les châteaux de).

L. aut. sig. du comte de Mosbourg, à M. le comte... Paris, 28 janvier 1837. 4 p. in-4.

Lettre curieuse, au nom de la veuve et des héritiers du roi Joachim Murat.

624 bis. NEY (Casimir), premier *alto* de l'Europe, compositeur, poëte.

1º Deux lett. aut. sig. 1853. 2 p. in-8.

2º Vers sur la mort de G. Onslow. Lus à la séance de M. Gouffé, le 19 octobre 1853, et à celle de la Société des Enfants d'Apollon, le 13 novembre 1853. Aut. sig. 1 p. in-fol.

Ney (Madame Stéphanie-Casimir), femme du précédent, cantatrice. Deux lett. aut. sig. 3 p. in-8.

625. NICCOLINI (Jean-Baptiste), célèbre poëte dramatique.

L. aut. sig. (en italien), à M. Victor Benzone, à Padoue. Florence, 4 avril 1820. 1 gr. p. pl. in-4.

Il accuse réception de son poëme dont il loue les idées gracieuses et les nobles pensées. Il y trouve de l'imagination, de la passion et une certaine hardiesse qui le séduit. Il croit qu'il vaut mieux briser quelqnes cordes de la lyre, plutòt que d'en tirer des sons monotones et uniformes.

Nota (Alberto), célèbre poëte italien.　　　　N. 1775. M. 1847.

Pièce aut. sig. (en italien). Demi-p. in-4. Portr. gravé.

« L'homme sage possède en lui-même les plus grandes et les plus vraies consolations; la source du bonheur est dans l'intérieur de l'âme, etc.

625 bis. NICOLINI (Joseph), célèbre compositeur, auteur d'*Alzira.*　　　　N. 1774. M. 1843.

L. aut. sig. (en italien), au comte Ferdinand Palfi. Vienne, 24 mai 1811. 1 p. in-4. *Rare.*

Il le prie de donner des ordres, afin qu'on lui remette l'argent qui lui est dû par la direction du théâtre de la Cour.

Tadolini (Giovanni), compositeur italien. Romance aut. sig. (paroles et musique). 2 p. in-4.

626. NOBILE-GUACCI (Mme M...-E., comtesse), poëte, disciple de Léopardi.

L. aut. sig. (en italien), à l'abbé Jean Cassini, à Gênes. Naples, 22 août 1846. 2 gr. p. in-fol.

Relative à la publication de ses ouvrages en vers et en prose.

Betti, secrétaire de l'Académie de Saint-Luc, à Rome. L. aut. sig. (en italien), au chevalier E.-Q. Visconti. 1 p. in-8.

Quaranta (Bernard), archéologue, directeur du Musée de Naples. 1º Vers aut. (en italien), à son ami S. *Holmes.* Paris, 7 déc. 1846. 1 p. in-12. — 2º Dissertation archéologique sur l'armée qui se voit dans une peinture de vase grec conservée au Musée de Naples. Imprimé de 8 p. in-8.

Dentice (le prince), ministre du roi de Naples. L. s. 1848. 1 p. in-4.

627. NODIER (Charles), membre de l'Académie française.

1º L. aut. sig., à son ami Jouy. 29 août 1833. 1 p. in-8.

2º L. aut. sig., au rédacteur de *la France.* 1 p. in-4.

3º L. aut. sig. (Minute d'une lettre écrite en son nom par sa fille.)

628. NODIER (Charles). *Le même.*

L. aut. sig., à son ami... Mercredi soir... 1 p. pl. in-4.

Jolie lettre littéraire, au sujet de l'*Essai sur le Romantisme,* par Audin.

629. NORMANDIE (Charles-Louis, duc de), l'un des prétendants au nom de *Louis XVII.*

L. aut. sig. : *Charles-Louis, duc de Normandie,* à M. Crémieux, avocat. Londres, 10 août 1836. Demi-p. in-4. Cachet.

Remerciment d'avoir défendu sa cause devant le Conseil d'Etat.

630. NOURRIT (Adolphe), 1er ténor de l'Opéra.
L. aut. sig., à Mme Stolz, 1re chanteuse du théâtre royal de Bruxelles,
à Bruxelles. Paris, 26 mai 1837. 3 gr. p. pl. in-4.
Il lui fait part des propositions de M. Duponchel pour son engagement à l'Opéra. Prix et durée de cet engagement.

631. NOVERRE (Jean-Georges), célèbre chorégraphe.
L. sig., à son ami... Saint-Germain-en-Laye, 29 prairial an IV
(17 juin 1796). 8 gr. p. pl. in-4.
Lettre intéressante au sujet de la *Fête des Victoires* qui vient d'être célébrée.
Critique de cette fête au point de vue des beaux-arts, de l'exécution matérielle
qui a été manquée et de l'opportunité... Il croit que les fêtes doivent ou devraient être supprimées jusqu'à la paix. « Ce n'est pas dans les moments marqués par l'infortune et la misère publique, que les législateurs doivent s'occuper de donner de grands spectacles : ce n'est pas dans un instant de détresse et d'angoisse qui a fait fuir l'espérance, que l'on peut se flatter de faire sourire l'humanité souffrante, de faire danser et chanter des êtres décharnés par une famine d'autant plus cruelle, qu'elle est quotidienne et qu'on ne peut en calculer la fin. — Le cardinal Mazarin qui connoissoit les hommes, et qui sçavoit apprécier le caractère léger et insouciant des Français, demandoit, en parlant du peuple : Chante-t-il et danse-t-il encore ? »

632. OBERKAMPF (Christophe-Philippe), célèbre manufacturier.   Né à Wissembach, en 1738. Mort en 1815.
1° L. aut. sig., au citoyen Gondouin, architecte, à Versailles. Jouy,
19 messidor an VI. 1 p. pl. in-8. *Rare*. Intéressante.
2° L. aut. sig., au préfet de Seine-et-Oise. Jouy, 6 frimaire an XIII.
demi-p. in-4.
Envoi de son serment d'obéissance aux constitutions de l'Empire, et de fidélité à l'Empereur.
OBERKAMPF (le baron), fils du précédent. L. sig., comme maire de
Jouy, au préfet de Seine-et-Oise. Jouy, 10 juillet 1821. 1 p. in-4.
WIDMER, neveu d'Oberkampf, célèbre industriel. N. 1767. M. 1821.
Déclaration aut. sig. comme fondé de procuration de son oncle....
Essonne, 6 floréal an VI. 2 p. in-4.

633. OBSERVATIONS sur la réduction d'un grand nombre
de boulets, qui existoient dans quelques départements
du royaume en 1765, et dont le diamètre étoit trop fort
pour les canons de leur calibre.
Manuscrit de neuf grandes pages in-fol. Curieux détails.

634. ODRY, acteur comique des Variétés.
La Foire de Saint-Cloud, scène proverbe. Aut. 14 p. à mi-marge, in-4.

635. OMEARA (le docteur), chirurgien de l'empereur Napoléon à Sainte-Hélène.
L. aut. sig. (en anglais). 2 p. in-4.

636. ONSLOW (Georges), célèbre compositeur.   1784-1853.
L. aut. sig., à M. Naderman. Clermont-Ferrand, 13 septembre....
2 p. pl. in-4. Musicale. Intéressante.

637. ONSLOW (Georges). *Le même.*
1° L. aut. sig., à M. Laurent. Clermont, 2 février 1848. 1 p. et
demie in-8.
2° L. aut. sig., à M. Mathieu. 24 avril 1837. 1 p. in-8.
3° Carnet de compositions musicales (au crayon). 32 p. in-8 en travers.

638. OPERA (Académie impériale de Musique).
Soixante-trois lettres d'artistes dramatiques, musiciens, littérateurs,
directeurs, etc., concernant l'Opéra. Curieux dossier.

639. OPERA ET OPERA-COMIQUE.
Quatre-vingt-dix lettres d'acteurs, artistes, littérateurs et autres personnages, ayant rapport au théâtre de l'Opéra et à celui de l'Opéra-Comique (années 1835 et 1838).

640. OPERA-COMIQUE (théâtre royal de l').

1° L. aut. sig. de M. Gimel, à M. le duc d'Aumont. Paris, 8 février 1828. 4 gr. p. pl. in-fol.

2° Quelques observations *confidentielles* sur la situation du théâtre de l'Opéra-Comique, au 1er janvier 1828 (cette note est annoncée dans la lettre qui précède). Aut. de M. Gimel. 21 gr. p. pl. in-fol.

Documents intéressants pour l'histoire du théâtre de l'Opéra-Comique.

641. ORIENTALISTES, voyageurs. 16 lett. aut. sig.

EGGER. — CHAMPOLLION-FIGEAC. — CHAMPOLLION le jeune. — GAIMARD. Deux lett. — JULIEN (Stanislas). — LABORDE (Alex. de). Deux lett. — LABORDE (Léon de). — MILA. Berlin, 1788. 3 p. in-4. — PELLEGRIN. Numismate. — RÉMUSAT (Abel de). — RIENZI (le docteur de). Quatre lett.

642. ORLEANS (princes de la famille d'), etc.

GASTON, frère de Louis XIII. Deux pièces sig.. — PHILIPPE, régent du royaume. Pièce sur parch. 1716. — PHILIPPE-LOUIS. Deux lett. sig. 1766-70. — MONTMORENCY (Henri II de). Pièce sig. (sur parch.). 1609. Cachet.

643. OSMAN-PACHA-NUREDDIN, grand-amiral de la flotte égyptienne.

L. aut. sig., au docteur Caporal, à la Canée. Constantinople, 21 juin 1834. 2 p. in-4. Cachet. (Fortement jaunie par la fumée.)

644. OSTROWSKI, poëte polonais, auteur des *Nuits*.

L. aut. sig., au comte Ostrowski, son père, à Versailles. Liège, 15 oct. 1836. 3 gr. p. pl. in-4. (Il y a 13 lignes de biffées.) Cachet.

Lettre touchante au sujet d'un de ses amis exilé en Sibérie. — Récit de sa conversation avec le roi des Belges.

OSTROWSKI (le comte palatin A.), père du précédent, général polonais. Apostille de 8 lignes aut. sig. Versailles, 1839. — OSTROWSKA (la comtesse de), femme du précédent. L. aut. sig. 1840. 1 p. in-4.

645. PACHE, maire de Paris en l'an II.

1° Pièce aut. sig. (la signature a été biffée). Mairie de Paris, 16 août l'an II. 1 gr. p. in-fol.

Répartition à faire de la somme de vingt mille livres entre vingt-quatre commissaires, pour vingt-quatre villes de France.

MANUEL (P.). procureur de la commune de Paris. Pièce sig. 13 mai 1792. 1 p. in-4. Ordre de mise en liberté.

646. PAER (Ferdinand), compositeur dramatique.

L. aut. sig., à M. le comte .... Paris, 10 février 1823. 2 p. in-4. Musicale. Intéressante.

PANSERON (Auguste-Mathieu), compositeur. L. aut. sig., à M. .... Vienne, 24 oct. 1818. 2 p. pl. in-4. Musicale. Intéressante.

647. PAIRS DE FRANCE depuis 1789.

Cinquante-cinq lett. et pièces sig. et aut. sig. In-18, in-12, in-8, in-4 et in-fol.

648. PALLOY, maître maçon, l'un des vainqueurs, et le démolisseur de la Bastille.

Mémoire avec une quittance de sept lignes aut. sig., datée de Paris, le 2 mars 1786, des ouvrages de maçonnerie faits pour le compte de M. Sevestre, en la maison de M. le marquis de Champcenetz, à Soissy sous Étiolle. 8 p. in-fol.

VISCONTI, dernier architecte du Louvre. L aut. sig. 1 p. in-8.

649. PAPIER MONNAIE DES ETATS-UNIS.

Deux billets imprimés-gravés, et sig. *Mox-Lewis.* — One Third of Dollar, et Half a Dollar. Philadelphie, 17 février 1776.

650. PAPINEAU, chef de l'insurrection du Canada.   *S.E.*

> L. aut. sig., au général comte de Chassenon. Paris, 25 juillet
> 1839. 1 p. pl. in-4. Cachet.
>
> Il s'excuse de n'avoir pas été au rendez-vous qu'il lui avait indiqué, des amis
> étant venus l'informer qu'il y avait dans la matinée réunion nombreuse et dis-
> tinguée à Saint-Mandé, pour faire hommage au talent supérieur, au patriotisme
> ardent, à la mémoire chérie d'Armand Carrel, par l'inauguration de sa statue
> sur sa tombe...

651. PARABERE (le marquis de).   *3.10*

> L. aut. sig., à M. Houait, à Paris. Précy, près la Charité (sur
> Loire). 15 déc. 1731. 1 p. pl. in-4. Cachet.

652. PARCS ET JARDINS DE L'EMPEREUR.   *S.E.*

> Règlement pour l'administration des parcs et jardins de Sa Majesté
> l'Empereur, arrêté par le conseiller d'État, intendant général de la
> maison de l'Empereur, le 6 floréal an XIII ... 7 p. in-fol.. sig.
> par Claret de Fleurieu.
>
> SOUCHET, jardinier de l'Empereur. L. aut. sig., à M. 1806. 3
> gr. p. pl. in-fol.

653. PASKIEVITCH (Jean). prince de Varsovie, comte d'E-   *2*
rivan, feld-maréchal, vice-roi de Pologne. 1782-1856.

> 1° L. sig., au prince Kozloffski, à Ciechocinek. Varsovie, 1836.
> 1 p. in-4.
> 2° Billet de 9 lignes aut., au même, avec l'adresse en russe. In-4.
> 3° Billet aut. de 4 lignes, au crayon. In-8.

654. PATER (dom), bénédictin, bibliothécaire de Saint-Ger-   *S.E.*
main-des-Prés.

> L. aut. sig. (en latin), au père Dom Anselme, à Rome. Paris, 20
> oct. 1766. 1 gr. p. pl. et demie in-4. Cachet.
>
> ADRY (le père Félicissime). Manuscrit aut. sur la famille Le Voyer
> de Paulmy d'Argenson. 4 p. in-4.

655. PEIGNOT (Gabriel), savant bibliophile.   *S.E.*

> L. aut. sig., à MM. Gignet et Michaud. Vesoul, 23 sept. 1809. 2
> gr. p. pl. et demie in-4.
>
> Sa bibliographie des *Vélins* va bientôt paraître. Il approuve très-fort le projet
> d'une *Biographie universelle*, et surtout la sage lenteur qu'ils veulent mettre
> dans l'exécution de cette grande entreprise; c'est le seul moyen de faire du
> bon. Mais il est fâché que le sieur Prudhomme courre la même carrière et la
> courre en poste; il fera du mauvais et leur enlevera toujours un certain nombre
> de souscripteurs qui, pressés de jouir, se laissent plus séduire par la célérité
> que par la solidité de l'ouvrage, etc., etc.

656. PEINTRES *d'histoire, de paysages*, etc.   *6.10*

> FRANQUELIN. — FRANCK (Philippe). 1839. — FRÈRE. — FOUBERT,
> (signé par Blondel et Morel Vindé). — FRADELLE. 1806. — FRAGO-
> NARD (Alex.-Evariste). 1824. — GALLAIT (Louis). — GAILLOT. 1824.
> — FRANCIA, 1837. — FRANÇAIS. — GROS (le baron). L. aut. sig., à la
> (3e personne). 1824. 1 p. in-4. Portr. — Ensemble, onze lett. et pièces,
> dont dix aut. sig.

657. PEINTRES. 10 lett. aut. sig.   *10*

> BIANCHI (Mlle Nina. — CICERI. — FRÈRE (Ed.). — GAVARNI. —
> GUDIN. — MOREL FATIO. 2 lett. — RAFFET. — SIGNOL (E.). 2 lett. —
> VINCHON. Pièce sig.

658. PEINTRES. 14 lett. aut. sig.   *10.10*

> ABEL DE PUJOL. — BARCLAY. — BLONDEL. — BOISSELIER. — BOILLY
> (Jules). — BOILLY (Alphonse), peintre et graveur. Deux lett. 1824-26.
> — BOSIO. 1820. — BOUCHOT. — BOUTON. — BRASCASSAT. — BRUN.
> — BRUNIS. — CAMINADE.

659. PEINTRES. 10 lett. aut. sig.   *7.4*

> MAMARTE. — CHARLET. (Au crayon). — COUDER (Auguste). — COUPIN.

— Court. — Dévéria. — Drolling. 1825. — Duval Lecamus. — Dauzats (A.). — Gautherot.

660. PEINTRES. 12 lett. aut. sig.

Gavarni. — Gigoux. — Granet. — Gosse. — Gudin. — Guillemot. 1811. — Heim. — Hersent. — Isabey, père. Deux lett. — Jacquand. L. aut. sig. J.

CINQUIÈME VACATION.

Mardi 20 avril. — Nos 661 à 815.

661. PEINTRES. 11 lett. aut. sig.

Janron. — Johannot (Alfred). Deux lett. — Kock (Louis). — Lami (Eug.). — Landon. — Fleury (Léon). — Lépaulle. — Lethière. Quitt. aut. sig. — Mauzaisse. — Meynier.

662. PEINTRES. 9 lett. aut. sig.

Monvoisin. — Muller (Ch.-Louis). — Nanteuil (Célestin). — Poitevin (Eug. Le). — Renoux. — Reisener. — Robert Lefèvre. — Roqueplan (Camille). — Rouget.

663. PEINTRES. 9 lett. aut. sig.

Sauvage. — Scheffer (Ary). — Sebron. — Séchan. — Signol (Emile). Deux lett. — Steuben. — Thevenin. — Vigneron.

664. PELLETIER-VOLMERANGES (Benoît), auteur dramatique, instituteur des élèves du théâtre de la rue de Thionville. N. 1756. M. 1824.

L. aut. sig., à Cailhava. Paris, 10 juillet 1810. 1 p. et demie in-4. *Rare.*

Il lui demande ses avis sages pour sa pauvre *Servante de qualité.*

Rousseau Saint-Phal, auteur dramatique. L. aut. sig., à M. Bourguignon, directeur du théâtre de la Gaîté. 27 mars 1800. 2 gr. p. in-fol.

Il lui offre, et suivant son usage, sans rétribution d'auteur, trois petites pièces de sa fabrique.

665. PERIGNON, maréchal de l'Empire.

1º L. aut. sig., au général Beaufort. Palau. 11 pluviôse an II. 1 p. pl. in-4. Affaires militaires. — Deux lett. sig. Parme, 1807. 2 p. in-fol.

Sébastiani (le maréchal). Pièce aut. sig. Paris, 1819. 1 p. in-4.

Sébastiani *della Porta,* évêque d'Ajaccio. 1º L. aut. sig. (en italien). An XI. 2 p. in-fol. — 2º L. sig. (le corps de la lettre est de la main du maréchal Sébastiani). An IX. 2 p. in-4.

Sébastiani Capellini. L. aut. sig. An X. 2 p. in-4.

666. PHILOSOPHES, *Philanthropes,* etc.

Azaïs. 2 lett. aut. sig. 2 p. in-8 et in-4. — Hauy. Pièce sig. 1791. 1 p. in-4. — Laromiguière. L. aut. sig. P. L. 1 p. in-8. — Monthyon. L. aut. 19 mars. 1 p. in-4. — La Rochefoucauld Liancourt (le duc de). Deux lett. aut. sig. 2 p. in-4.

667. PIANISTES. 7 lett., et pièces musicales aut. sig.

Alcan, aîné (Ch. Valentin). 4 p. in-8. — Dulcken (Mme Augusta), pianiste de la Reine d'Angleterre (en allemand). 4 p. pl. in-8. Charmante lettre. — Kalkbrenner (Fr.). Quatre vers aut. sig. 1843. 1 p. in-18. — Moscheles. Canon. 1844. — Russo (Michel-Ange). Pièce musicale. 2 p. in-12. — Szymenowsk (Mlle Marie). 2 p. in-12. — Thalberg (Sigismond). Pièce musicale. 1841. 1 p. in-12.

668. PICARD, auteur dramatique.

1º L. aut. sig., à son ami Albert. 1er nov. 1 p. in-4.

2° Fragment aut. de sa pièce. *Boulmeville, ou la double réputation* 3 gr. p. in-fol., à 3 colonnes, avec beaucoup de ratures.

RAYNOUARD, auteur des *Templiers*, membre de l'Acad. française. L. aut. sig. Paris, 16 déc. 1831. 3 gr. p. pl. et demie in-fol.

669. PICARD ET PICARDIE (origine des noms). *2*

BRESSEAU, archéologue. L. aut. sig., à M. le marquis de Fortia. Poix, 13 nov. 1841. 3 gr. p. pl. in-4.

Toute relative à l'origine du nom de Picard et de Picardie. Intéressante.

DUSEVEL (H.), savant archéologue, auteur de *l'histoire d'Amiens....* L. aut. sig., à M. le marquis de Fortia. Amiens, 8 nov. 1841. 2 gr. p. pl. et demie in-4.

Au sujet de ses recherches dans les archives de M. le duc de Luynes, etc.

670. PICCINI l'aîné (Joseph), littérateur dramatique. *5.10*

L. aut. sig., à M..... Paris, 25 juillet 1817. 2 gr. p. in-4.

Exposé de sa profonde détresse ; à soixante ans il est malheureux au point qu'il manque du plus strict nécessaire, et qu'il invoque la mort à chaque instant pour finir ses peines.

PLANARD (Eug. de), auteur dramatique. Curieuse note aut. sur sa santé pendant 49 ans.

PRADEL (Eug. de), improvisateur. L. aut. sig., à M. le baron de Marguerite. Sainte-Pélagie, 16 août 1821. 3 gr. p. pl. in-4. Intéressante.

671. PICOT, peintre d'histoire. *3. 7*

L. aut. sig., à M. Blondel. Bagnères, 6 oct. 1832. 3 p. in-8.

SCHNETZ, peintre d'histoire. 1° L. aut. sig., au même. 2 p. in-8. — 2° L. aut. sig. 1835. 3 p. in-8.

672. PIECES RELATIVES AU THEATRE. *5. E*

Déclaration du roy Louis XIII, au sujet des comédiens. Du 16 avril 1641. Imprimée. 3 p. in-4. — Lettre aut. sig. de Leclerc, au sujet du théâtre de l'Odéon. 1er nivôse an VI. 1 p. in-4., avec deux autres pièces, dont une de la liste de la troupe à former, en tête de laquelle se trouve Talma. — Dialogue (en vers), entre le duc d'Aumont, Lekain et d'Argental. Manuscrit de 6 p. et demie in-4. — Programme de l'action de l'Opéra des Danaïdes. Mss. de 7 gr. p. pl. et demie in-fol. — Deux pièces aut. et aut. sig. de M. Eugène Desmares, sur Mlle Taglioni. — Couronnement du buste de M. de Voltaire à la Comédie-Française (en vers). 3 p. pl. in-4. — Dossier curieux.

673. PIRON (Alexis), poëte et auteur dramatique. *22. 10*

L. aut., à son frère, apothicaire, à Dijon. 21 mai 1749. 2 gr. p. pl. et demie in-4 (Remontée).

Lettre touchante au sujet de sa pauvre femme qui est tombée en paralysie. Situation fâcheuse qui résulte pour son ménage de cette triste situation.

674. PIRON (Alexis). *Le même.* *8*

Le Lyon et la Fourmi. Fable. Au Roy. Aut. 1753. 2 p. pl., à deux colonnes, in-4. Piron a écrit au bas (il y a quelques ratures) :

Ceci fut fait immédiatement après la défense aux académiciens de m'élire, obtenue du Roy par l'évêque de Mirepoix. La Requête n'eut point lieu : parce qu'elle fut prévenue par la bonté de S. M. qui, de son propre mouvement, m'honora d'une pension de mile livres sur sa cassette.

675. PIRON (Alexis). *Le même.* *7*

« Ballade, à M. le comte de Saint F. (Florentin), qui venoit d'a-
« voir le cordon bleu pour une compagnie dont j'étois, et qui l'atten-
« doit le jour même à soupé. — Envoy. — Rondeau, à M. et Mme
« de ....; le jour choisi pour la consommation de leur mariage En
« leur envoyant l'estampe allégoriq ; gravée par B. Picard, qui repré-
« sente un nouveau marié qui conduit la nouvelle épouse au lit
« nuptial. 4 p. pl. aut., in-4. »

676. PIRON (Alexis). *Le même.* *10*

Epitre pour M. le C. D. S. F. (le comte de Saint-Florentin). *La Quenouille unique et merveilleuse.* 8 p. pl. in-4.

677. PIRON (Alexis). *Le même.*

« *La Rose.* Allégorie. Pour mademoiselle de Richelieu agée de 8 ou
« 9 ans, à l'honneur de qui Mme l'abbesse du trésor, sa tante, qui
« l'aimoit tendrement, m'invitoit de composer des vers. 1749. — En-
« voy, à Mme de Richelieu, abbesse du trésor. 4 p. pl. aut., in-4.
« Piron a écrit en tête:

Mlle de Richelieu, à cet âge, ofroit déjà le plus joli spectacle du monde aux
yeux et à l'esprit. Voici un trait de sa façon dont je fus témoin chez Mme T**
à Passy où nous dinions. M. de Fontenelle ayant bu à sa santé (il avoit alors
94 ans), Mlle de Richelieu luy faisant raison dit : Monsieur, je paroitray bien
merveilleuse à 80 ans si je les vis, quand je dirai que j'aurai bu avec le neveu
du grand Corneille.

678. PIOSSASCO FEYS (l'abbé J.-B.-Félix), politique-astro-
nome, et quelque peu sorcier.

1º L. aut. sig. (en italien), à l'abbé Antonio Ronata, à Paris. Turin,
28 avril 1814. 1 p. pl. in-4.
2º L. sig., à MM. les membres de l'Observatoire de Paris. Turin,
3 avril 1811. 2 gr. p. in-4. Curieuse.
Au sujet d'un phénomène qu'il a observé autour du soleil.

679. PLANCHE (Gustave). savant critique.   M. 1857.

L. aut. sig., à M. .... Samedi, 8 mars 1856. 2 p. pl. in-8.
Curieuse lettre au sujet du travail qu'il vient de publier concernant David
d'Angers.
NODIER (Charles), membre de l'Académie française.
L. aut. sig., à M. Dumond. Sans date. 1 p. in-8.

680. POESIES, CHANSONS. 11 pièces aut. sig.

ANTIGNAC. *Ma petite revue.* 1808. 3 p. in-4. — BOINVILLIERS. *A
M. Thomire.* 2 p. in-4. — CHATENET. Vers faits sur les rimes en
oque. 1835. 2 p. in-8, avec une lett. aut. sig. — 2º *Les petites
Marionnettes.* 1857. 11 p. in-8. — CHAZOT (Paul de). *La fleur du
désert.* 1850. 2 p. in-4. — ERNOUF. *Le réveil des Fées.* 3 p. in-4. —
GOUFFÉ (Armand). *Pif et pouf.* 1808. 4 p. in-4. — LASSAN. *Le retour
du fiancé.* 2 p. in-8. — MÉNESTRIER (Casimir). *Recommencer.* 1810.
3 p. in-4. — MOLLEVAUT. *Ode à l'Empereur.* 4 p. in-4 et deux lett.
aut. sig. — MUSSET (Alfred de). *Chanson.* 2 p. in-18.

681. POETES FRANÇAIS. 10 lett. aut sig.

AUTRAN. — BARRAU. — BEAUPLAN (Amédée de). — BERRIER (Constant).
— BIGNAN (A). — DESCHAMPS (Emile). — JAIME. — LABOUÏSSE. —
LEBRUN. 1831. — LESGUILLON.

682. POETES FRANÇAIS. 11. lett. aut. sig.

MÉRY. — MINOÏDE MINAS. — PONGERVILLE. — PONS (Gustave de).
— MUSSET (Paul de). — SAINT-ANGE. — SOUMET (Alexandre). — TISSOT.
— VIENNET. Deux lett. — VIGÉE.

683. POLIGNAC (le prince Jules de), 1er ministre en 1830.

L. aut. sig. *Jules*, à sa tante. 18 mai 1818. 4 p. pl. in-4.
POLIGNAC (Charles de). L. aut. sig. 1808. 1 p. in-8.
POLIGNAC (Melchior de). L. a. s., à son père. 14 août 1814. 2 p. in-4.
POLIGNAC (Armand de). L. a. s., à son père. 16 août 1814. 2 p. in-4.
POLIGNAC (Henri de). L. aut. sig. 27 oct. 1849. 1 p. in-8.
POLIGNAC (Mme de Mailly, vicomtesse de). 7 juin 1760. 1 p. pl. in-4.

684. PORTAL (le baron), 1er médecin du roi.

1º Certificat médical aut. sig. 1 p. pl. in-4.
2º L. aut. sig., au baron Destouches. Paris, 1822. 1 p. pl. in-4.

685. PORT-ROYAL (calendrier de la sœur Domitille PER-
SONNE, religieuse de), qui fit profession dans ce monastère, le 29 août 1655.

Elle y enregistre les décès des religieuses et des solitaires, avec
celui des saints, morts dans les persécutions, martyrs, ou exilés. Les

fêtes du monastère et les faits qui se rattachent à son histoire sont
portés aux jours du calendrier, ordinairement avec la date des années.
1 vol. petit in-12, réglé, rel. en vélin. Jolie écriture.

686. POZZO-DI-BORGO (le comte Charles-André), lieutenant général, ambassadeur de Russie à Paris.

L. aut. sig., au prince Kozloffski, ministre de Russie à Turin.
Paris, 12-24 juillet 1817. 1 gr. p. pl. in-4.

Il lui envoie une circulaire que la conférence a adressée aux ministres des
puissances qui ont accédé au traité de Paris, « elle concerne les exilés français
« qui se font donner la chasse parce qu'ils ne veulent rester tranquilles nulle
« part. Je ne crois pas qu'il s'en trouve dans les possessions du roi de Sardai-
« gne, où ils se gardent, comme de raison, de mettre le pied..... »

687. PRÉDICATEURS CÉLÈBRES. 6 lett. aut. sig.

BONNECHOSE, évêque de Carcassonne. 1 p. in-8. — CŒUR. 3 p.
in-4. — FAYET, évêque d'Orléans. 1 p. in-8. — FRAYSSINOUS. 1 p.
in-4. — DUPANLOUP.

688. PRÉFETS DE POLICE. 9 lett. aut. sig.

CARLIER. — DELESSERT (Gabriel). Trois lett. — Frères du précédent,
non fonctionnaires publics : *Delessert* (Benjamin). Deux lett. — *Delessert* (François). — DU BOIS (le comte). — GERVAIS (de Caen). — MANGIN.

689. PRESTATIONS DE SERMENT faites par les ecclésiastiques de l'arrondissement d'Etampes en l'an X.

Registre original contenant les déclarations et prestations de serment
(avec les signatures originales) faites par les ecclésiastiques de cet
arrondissement conformément à la loi du 18 germinal an X, soit à
l'Eglise de Notre-Dame après une messe solennelle célébrée par M. le
curé, en présence des autorités civiles, militaires et judiciaires, de la
ville, soit à la sous-préfecture, etc. 16 gr. p. in-fol. Curieux document.

690. PRINCES, AMBASSADEURS, etc.

ORLÉANS (Louis-Philippe). P. sig. sur parch. 1763. — WALDECK
(Frédéric, princesse de). L. aut. sig. 1804, 1 p. in-4. — MARIE-AMÉLIE,
sœur du roi de Bavière. Pièce sig. 1825. — JEAN DE ALMEIDA DE
MELLO. Pièce sig. 1797. — ADAM WILLIAM. 1795. — MARIA, reine de
Portugal. Pièce sig. *O. Principe.* 1727. Sceau.

691. PRINCESSES. 7 lett. aut. sig.

BEAUVAU (Mortemart, princesse de). — BELGIOJOSO. — FITZ-JAMES
DE CHIMAY. Deux lett. 1788. — LIEVEN. — MARIE-CÉCILE, princesse
Ottomane. 1788. — SALM (Constance de).

692. PUBLICISTES. 13 let. aut. sig.

BEAUMONT (Gustave de). Deux lett. — BERTIN DE VEAUX. 1827. —
CHAMBOLLE. — CONSTANT DE REBECQUE (Benjamin). Quatre lett. et
pièce. — DUMOULIN (Evariste). Deux lett. — FONFRÈDE (Henri). 1838.
— MARCELLUS (le comte de). — MONTLOSIER.

693. PUCELLE (l'abbé), conseiller-clerc au Parlement de
Paris, abbé de Saint-Léonard de Corbigny; écrivit contre
l'Histoire des Jésuites par le P. Jouvency. 1655-1745.

L. aut., à M. de Malesherbes. Sans date. 1 p. in-4. Il y a en tête
deux petites lignes de la main de M. de Malesherbes.

694. PUGET (Mlle Loïsa), célèbre compositeur de romances.

L. aut. sig., à M. Ravet. Passy, 9 mai 1839. 3 p. pl. in-8.
Aimable lettre.

BÉRAT (Fréd.), compositeur de romances. L. a. s. 2 p. in-8.
MASINI (F.), compositeur de romances. L. a. s. 1 p. pl. in-8.

695. QUÉLEN (Hyacinthe de), archevêque de Paris.

L. aut. sig., à M.... Paris, 19 décembre 1833. 1 p. pl. in-4.

696. QUENISSET (condamnés dans l'affaire).

BOUCHERON. L. aut. sig., à sa femme. De la Conciergerie, le 20 sept. 1841. 1 p. in-8.

MARTIN. L. aut. sig., à M. Baret. Conciergerie, 22 sept. 1841. 1 p. in-4.

PETIT (Auguste). L. aut. sig., à sa femme. Conciergerie. 1 p. pl. in-4.

PRIOUL. Deux lett. aut. sig. Conciergerie et Sainte-Pélagie, septembre et octobre 1841. 2 p. in-8.

Petit dit à sa femme : « Machaire a mi je te pris dalé de ma par chais le feve « mon camarade datélie pour qui fase finire mais travo par un ouvriy capable « et lui même la livrera dou on te donera larjan qui me revien tan qua moi je « suis rétenu a la Conciergerie comme complisité dans la faire de lundi mais « ne talarme pas tu me coné et je ne suis pour erien la dedans. rien autre « chose a te dire pour le moment si non de tan brasé de tout cœur an natan « dans de tant brasé réellement. tu ca!ésera mon bonome pour moi. »

697. QUETANT (Fr.), littérateur, auteur dramatique.

L. aut. sig., au préfet de la Seine. 2 gr. p. pl. et demie in-fol. Intéressante.

698. QUINAULT (Mlle Jeanne-Françoise), célèbre actrice de la Comédie-Française de 1748 à 1741. N. 1700. M. 1783.

L. aut., à Madame... Mardy. 3 p. pl. in-8. Cachet.

Elle l'entretient de diverses choses, et lui dit en terminant : « Jay soupé « hier auec un de nos dineurs. Je uous baise les pattes et uous promets de « uous donnés dessus si uous touchez encore au plat. »

699. QUOTIDIENNE (le journal LA).

Articles autographes de plusieurs des rédacteurs de ce journal, politiques, littéraires, etc. (MM. le comte de Locmaria, Th. Muret, Laurentie, etc.). 8 dossiers (année 1844).

700. RACHEL (Mlle), célèbre tragédienne.

Pièce aut. sig. Rennes, 19 août 1849. 1 p. in-8.

Par le présent écrit elle donne tout pouvoir. à M. Charles Hubert, d'agir en son lieu et place, afin d'arriver au redressement des erreurs qu'ont commises les personnes préposées à la location de la représentation qui a été donnée le samedi 18 août sur le théâtre de Rennes, par elle, et par les artistes qui l'accompagnent.

SARAH (Félix), sœur aînée de la précédente, actrice de l'Odéon et du Théâtre Français. L. aut. sig. 1 p. in-8.

701. RAMBOUILLET (Catherine de Vivonne, Savelle, marquise de), femme illustre par ses grandes qualités, son esprit, par la société choisie qu'elle recevait, et dont elle était en quelque sorte l'arbitre, surnommée *Arténice* par les poëtes de son temps.

Pièce notariée signée, datée de Rambouillet, le 3 septembre 1605. 3 gr. p. in-fol.

STAAL (Marguerite-Jeanne Cadier de Launey, dame de), comprise dans la conspiration de Cellamare. N. 1693. M. 1750.

L. aut., à M. Lecamus. Demi-p. in-4 en travers, une partie enlevée par l'humidité.

702. RANCÉ (l'abbé de), célèbre réformateur de La Trappe.

L. sig., à M. de Caumartin, conseiller d'Etat ordinaire du Roi. 24 novembre, 1680. 2 p. in-8. Cachet.

Au sujet de dom Garreau qui est autorisé à quitter Fontfroide pour retourner à La Trappe.

703. RASTADT (assassinat des plénipotentiaires français à).

Copie aut. sig. d'une lettre du citoyen Gilbert, membre de l'Institut national, directeur adjoint de l'Ecole vétérinaire, au citoyen François de Neufchâteau, datée de Madrid, le 24 floréal an VII. 1 gr. p. pl. in-fol.

« Un courrier extraordinaire vient d'apporter ici l'affligeante nouvelle de « l'horrible attentat dont les commissaires français à Rastadt ont été victimes.

« Amis, ennemis, tous les hommes qu'une aveugle passion n'a pas converti en
« bêtes féroces, ont fait entendre le cri de la plus profonde indignation. Tous
« appellent la vengeance divine et humaine sur les auteurs forcenés de cette
« odieuse violation des principes les plus sacrés de la nature et du droit des
« gens. Que le gouvernement s'arme donc enfin de la terrible massue qui doit
« écraser d'un seul coup toutes les têtes de cette hydre dévorante. Que lui
« manque-t-il? des vengeurs! il en trouvera autant que de français; des
« moyens pécuniaires! Quel est le républicain assez aveugle sur ses propres
« intérêts, pour ne pas faire avec plaisir l'abandon d'une partie de sa fortune,
« à la défense d'une cause aussi sacrée.....

704. RAVIGNAN (le père de), célèbre prédicateur. M. 1858.
L. aut. sig., à M. Albert. Paris, 5 août 1843. 1 p. pl. in-8.

705. REINES DE FRANCE, etc.
Marie de Médicis. Pièce sig. sur parch. 1629.
Marie-Thérèse. Pièce sig. sur parch.
Marie-Joséphine, Dauphine. Pièce sig., sur parchemin. 1759. Sceau
bien conservé. Très-belle pièce.
Marie-Antoinette. Pièce sig., sur parchemin. 1770. **Fac** simile
d'une lettre, et de sa lettre à Madame Elisabeth.
Isabelle, fille de Philippe II, gouvernante des Pays-Bas. L. sig.
1623 1 p. in-fol.

**706. REPRESENTANTS DU PEUPLE A L'ASSEMBLEE
CONSTITUANTE DE 1848. 11** lett. aut. sig.
Adelswart (d'). 1849. — Baraguay-d'Hilliers. 1836. — Creton.
1848. — Danielo (l'abbé). 1848. — Delaporte. 1849. — Delavau.
1848. — Demante. 1849. — Delisle (Hubert). 2 lett. 1848. —
Junyen. 1840. — Lagrange (le comte de). 1852.

**707. REPRESENTANTS DU PEUPLE A L'ASSEMBLEE
CONSTITUANTE DE 1848. 9** lett. aut. sig.
Demesmay (Auguste). — Denjoy. — Dezeimeris. — Doublat (Au-
guste). 1836, avec une lettre de son père, et deux pièces manuscrites
et une lettre de M. Blaye, au sujet de sa faillite. 1841. — Douhet
(Ferdinand de). — Druet-Desvaux (Louis). — Dupont (de l'Eure). 1831.
— Faucher (Léon). 1850.

**708. REPRESENTANTS DU PEUPLE A L'ASSEMBLEE
CONSTITUANTE DE 1848.** 9 lett. aut. sig.
Bignon. — Baroche. — Charton (Ed.). — Corbon. — Danielo
(l'abbé J.-F.) — Defresne. — De la Guibourgère. — Fauveau. —
Gérard de Blaincourt, fils. — Graveran, évêque de Quimper. —
Saint-Georges (Paul de).

709. REVOLUTION FRANÇAISE. 12 pièces sig. et aut. sig.
Arrêté du Comité de sûreté générale sig. Vadier, M. Bayle, Jagot,
Dubarran, Lavicomterie et Louis (du Bas-Rhin). — Chaumette. L.
sig. — Ferrand, prêtre, détenu. L. aut. sig. An II. — Merlin, ex-
directeur de la prison du Temple. 1799. — Mariotte, concierge à
Versailles, fameux révolutionnaire. Deux pièces. 1790. — Duquesnoy
(Ad.). — Cloches (transport de) des églises supprimées. 1793. —
Brée, de Nantes, an II. — Reubell, directeur. — Moulin. Très-
beau lot.

710. RICHELIEU (le maréchal, duc de).
1° L. aut. sig., à M.... Paris, 20 août 1771. 1 p. pl. in-4.
2° L. aut. sig., (à la 3e personne). Compiègne, 3 août 1771. 3 p.
in-4 (brisées en deux).
Richelieu (le duc de), 1er ministre de Louis XVIII. L. aut. sig.
Paris, 3 janvier 1815. 1 p. in-8, et lett. aut. Demi-p. in-4.

711. RINALDO (signalement de), cheval de course appartenant à M. le comte Henri de Castellane.
Pièce aut. sig. de M. le comte de Castellane, datée de Toulouse, 1e

5 juin 1838, avec plusieurs légalisations de la ville de Toulouse, avec le cachet du Capitole deux fois apposé. 1 gr. p. et demie in-fol.

712. RIVAROL (Antoine de), d'abord soldat, puis abbé, littérateur et auteur dramatique. N. 1757. M. 1801.

L. aut. sig., au citoyen La Reynière. Paris, 13 avril 1800. Demi-p. in-4. Curieuse.

Envoi de ses ouvrages : *Guillaume le Conquérant* et le *Poëte emprunteur*, avec prière de les annoncer dans le Courrier des spectacles.

713. ROBBE DE BEAUVESET, poëte. N. 1725.

Requête au commissaire Le Maire (en vers burlesques). 1 p. pl. et demie aut., in-4. 1768. *Rare.*

714. ROBERT, mécanicien, ingénieur du Roi, et aéronaute, compagnon des voyages aériens de Charles.

L. aut. sig., à M... Jeudi, 25 septembre 1783. 1 p. in-4. *Rare.*

Bon voyage. Expérience du globe aérostatique de MM. les frères Robert, au jardin des Tuileries, le 19 sept. 1784. Gravure in-fol.

715. ROBESPIERRE aîné, et *Robespierre* jeune.

Robespierre aîné. Deux signatures sur des pièces incomplètes.
Robespierre jeune. L. aut. sig. comme représentant du peuple. Nice, an II. 1 p. in-fol. (incomplète d'un tiers à la marge extérieure).

716. ROBESPIERRE jeune, conventionnel.

Sa signature, avec celles de Saliceti et de Ricord, ses collègues, au bas d'un extrait du registre des arrêtés du Comité de salut public de la Convention, du 29 du 1er mois de l'an II. 1 p. in-fol.

717. ROCHAMBEAU (le comte de), maréchal de France.

L. aut. sig., à son cher et ancien camarade. Rochambeau, près Vendôme, 11 brum. an XIII. 1 gr. p. pl. in-4.

Il s'excuse sur ses infirmités physiques, de ne pouvoir assister à la cérémonie si auguste et si imposante de la prestation de serment à l'Empereur... Quant à ses facultés morales, elles doivent se ressentir nécessairement de sa décrépitude. Il a su dans sa jeunesse touts les radotages du prince Eugène et du maréchal de Villars, l'un à Philisbourg, et l'autre en Italie. « J'ay vu de bien « plus près le maréchal de Belle-Isle au Conseil, et ses ridicules si bien rele- « vés par de plus jeunes ministres, qu'il en mourut de chagrin, etc., etc. »

718. ROHAN (branches diverses de la famille de).

Vingt-cinq lett. et pièces sig. et aut. sig. in-8, in-4, et in-fol. de ducs, princes, comtes, etc., et dames des diverses branches de la maison de Rohan. Plusieurs incomplètes.

719. ROHAN (Charlotte de), amie du duc d'Enghien.

L. aut. sig., à M. Faucon, à Paris. Ettenheim, 11 avril an XI. 2 p. in-4. Cachet de deuil.

720. ROMME (Gilbert), député du *Puy-de-Dôme* à la Convention nationale.

1º L. aut. sig., à son collègue Lemane. Tiers de p. in-4.
2º L. sig. an II. 3 p. in-4, et lett. sig. (incomplète). 2 p. in-4.
3º L. aut. sig. Périgueux, an II. 3 p. pl. petit in-8. Intéressante.

721. ROSSINI (Giacomo), célèbre compositeur.

L. aut. sig. (en italien), au chevalier Michel Carafa, célèbre compositeur de musique. Florence, 2 déc. 1852. 1 p. in-4.

Il lui recommande vivement M. François Gnone, baryton *chanteur,* et non *hurleur* à la mode du jour, et le prie de le présenter au directeur du Théâtre-Italien, etc.

722. ROSSINI (Giacomo), célèbre compositeur.

L. sig. (en italien). Paris, 10 sept. 1833. 1 p. pl. et demie in-4.

723. ROUCHER (J.-A.), littérateur et poëte. Né à Montpellier, en 1745. Mis à mort à Paris, en 1794.

L. aut., au citoyen Desherbiers. Le septidi de la 1re décade du 2e mois de l'an IIe. 2 p. pl. in-8.

Il est détenu à la prison de Sainte-Pélagie, et ne peut s'occuper de travaux littéraires dans un étroit espace de huit pieds en carré, forcé de l'habiter avec un individu, malheureux compagnon d'infortune. Ils n'ont l'un et l'autre d'autre ressemblance que le malheur ; dans tout le reste, aussi éloignés que les pôles le sont de l'équateur. « Lui croyant à Jésus, à Marie, aux benoîts saints du « Paradis et à tous les godets dont on avait farci à Nevers la tête de Vert-Vert, « et par une suite nécessaire, proscrivant tout, maudissant tout depuis alpha « jusques à oméga, croyant de plus à l'alchimie, au grand-œuvre, à la pierre « philosophale... Mon ami, si jamais pour vous venger d'un grand outrage, « vous invoquez un supplice au-dessus des forces humaines, faites d'abord que « votre ennemi me ressemble, et puis, sans vous crever la tête, obtenez seule- « ment de quelque comité révolutionnaire que votre homme prenne ma place, « le mien sera votre affaire de manière que vous n'aurez plus à vous inquiéter « de rien. Ah! Sainte-Pélagie! Sainte-Pélagie! vous êtes une sale demoi- « selle... »

ROUCHER (Mme Gallois, née), fille du précédent. L. aut. sig. 1822. 1 p. in-4.

724. ROUGET DE LISLE, auteur de la Marseillaise.

L. aut. sig., à Mme Crosnier. Paris, 2 juill. 1824. 2 gr. p. pl. in-4.

725. SADE (le Marquis de), écrivain licencieux.

Rapport des citoyens Carré, Sade et Désormeaux, chargés par la commission des hospices de santé d'inspecter les hôpitaux des Petites-Maisons, de la Teignerie, des Filles de Saint-Thomas et de la Mère de Dieu. Rédigé par le citoyen Sade, lequel n'a jamais travaillé que sous les yeux et d'après les notes qu'il a pris lui-même, ou qu'il a reçu de ses collègues. Manuscrit, avec 5 petites lignes aut. sig., par de Sade, 26 février 1793, signé aussi par Carré et Désormeaux. 88 p. in-fol .

726. SAINT-AUBIN (Augustin de), graveur. N. 1736. M. 1807.

Quatre lett. aut. sig., au citoyen Renouard. An II à an V Ensemble, 5 p. in-8. — Plus, une quittance aut. sig. 1807.

Ces lettres sont relatives à ses travaux de gravure pour M. Renouard.

727. SAINT-AULAIRE (le comte de), de l'Acad. française.

L. aut. sig., à M. Cottu. Paris, 14 juill. 1838. 2 p. in-4.

SAINT-AULAIRE (le marquis B. de). L. aut. sig. 1825. 2 p. in-4.

PEYRONNET (le comte de). Deux lett. aut. sig. 1823-39. 4 p. in-8 et in-4.

728. SAINT-FOIX (Germain-François *Poullain* de), littérateur et auteur dramatique. N. 1698. M. 1776.

L. aut. sig., à M. ... Paris, 15 juill. 1773. 1 p. pl. in-4.

Il lui envoie quatre volumes de ses comédies *non corrigées*, pour l'impression d'une nouvelle édition... Détails.

729. SAINT-HUBERTY (Mme Antoinette-Cécile *Clavel*, dite), comtesse d'*Entraigues*, célèbre cantatrice de l'Opéra, assassinée à Londres avec son mari, en 1812.

L. aut. sig., à M. ... Paris, 27 avril 1787. 4 p. in-4.

Relative à ses congés, à ses répétitions qui ne vont que jusqu'à trois pour les ouvrages qu'elle joue à Fontainebleau, etc., etc.

730. SAINT-PIERRE (Jacques-Henri-Bernardin de), auteur de *Paul et Virginie*, des *Etudes de la nature*, etc.

L. aut. sig., à sa femme. Sans date. 1 p. pl. in-4 (tache d'huile au milieu). Curieuse.

731. SAINT-PIERRE (Bernardin de). *Le même.*

Voyage et campagne dans le pays de Hesse en 1760. 6 gr. p. pl. et tiers aut., in-fol.

Curieux mémoire historique et biographique sur la guerre des Français dans le pays de Hesse, et sur les principaux événements de sa vie.

732. SAINT-PIERRE (Bernardin de). *Le même.*
Fragment aut. d'un dialogue entre Socrate, Platon, Aristippe, etc.
2 p. in-4.

733. SAINT-SIMON (le duc de), auteur des *Mémoires.*
L. aut. sig., à M... La Ferté, 30 oct. 1744. 1/4 de p. in-4.
SAINT-SIMON (le marquis de). L. aut. sig., au duc de Polignac.
Francfort-sur-le-Mein, 8 septembre 1791. 4 p. in-4. Intéressante.

734. SAINTE-CHAPELLE DE PARIS (lettres, notes, comptes des revenus, affaires diverses, concernant la).
2º Notes et pièces diverses aut. de l'abbé Bexon, chantre et chanoine de la Sainte-Chapelle de Paris, l'un des collaborateurs de Buffon. 16 pièces aut. 45 p. in-18, in-8 et in-4. Minutes de lettres et d'allocutions à son chapitre, etc.
2º Résumé pour MM. de la Sainte-Chapelle contre les sieurs Grand et Lobar. — Pièce de vers latins pour l'abbé Bexon, par Barbier. — Requête de l'abbé Raymond, du 13 mai 1782. — Ephémérides de la Sainte-Chapelle. — Pour MM. de la Sainte-Chapelle. Discussion de la fin de non-recevoir pour les religieuses de Saint-Nicaise de Reims. — Etat des cens, rentes, etc., dont MM. de la Sainte-Chapelle ne jouissent plus. — Arrangement (minute de l') pour la démolition des sacristies de la Sainte-Chapelle. — Inventaire (supplément d') des papiers de maisons près le Petit-Châtelet, et de l'abbaye de Saint-Nicaise. — Pièce sig. sur la tête de Saint-Louis. Ensemble, 34 p. in-4 et in-fol.
3º Deux minutes de lettres au P. de La Chaise. — Lieux des revenus de la Sainte-Chapelle. — Inventaires et diverses autres pièces (onze). Ensemble, 14 pièces in-8, in-4 et in-fol.
4º Soixante-et-onze lettres de divers, aut. sig., adressées à l'abbé Bexon, chanoine et chantre de la Sainte-Chapelle, par trente-cinq personnes; une partie sont écrites par des Rémois (Dom Géruzet, 2 lettres, etc.) et datées de Reims. Ensemble, 160 p. in-4.
Réunion curieuse.

735. SAINTE-CHAPELLE DE PARIS (minutes aut. et aut. sig. de l'abbé Bexon, l'un des collaborateurs de Buffon, chanoine et chantre de la).
1º *Réquisitions.* L'intolérable abus de voir manquer l'office aux solennités, par l'absence des voix qui y sont nécessaires, l'oblige de prendre les réquisitions suivantes : ... 8 sept. 1782. aut. sig. 1 gr. p. in-4.
2º Mercuriale adressée aux chanoines de la Sainte-Chapelle, sur l'indécence de leur tenue au chœur. 3 p. pl. in-4. « ... Souvent, en **effet,**
« daigne-t-on en passant saluer l'autel ; on vient, on sort, on traverse
« le chœur, la soutane indécemment troussée ; on a vu le célébrant à
« l'autel prendre avec aisance la prise de tabac que lui présentait son
« diacre... Et sans parler de plaies trop profondes, que n'aperçois-je
« pas autour de moi? Ici, c'est une inattention que rien ne peut fixer,
« et qui à tout moment apporte dans l'office divin la confusion et le
« trouble. Là, c'est des conversations, des causeries aussi sottes qu'in-
« décentes, et portées enfin à un excès véritablement insupportable.
« Plus loin, c'est l'abus toujours croissant de se retirer ou plutôt
« s'enfuir, pendant une partie des offices, dans ce chauffoir destiné à
« toute autre chose qu'à y tenir des propos, et souvent, grand Dieu,
« quel propos !...
3º Allocution aux mêmes, sur le même sujet. 2 juillet 1781. 1 gr. p. pl. et demie in-4. « ... Je veux parler de cette extrême indécence, de
« cette incroyable licence de causer, de s'entretenir hautement, libre-
« ment, pendant l'office divin : On les distingue aisément, ces mots né-
« cessaires, mais toujours rares et courts, que le service oblige de de-
« mander ou de dire ; on les distingue d'avec ces colloques soutenus,

« ces dialogues prolongés, repris, recommencés, dont l'air d'aisance,
« dirai-je de gaieté, de pétulance même, décèlent le sujet profane :
« Quoi, Messieurs, sous nos yeux sont des enfants dans lesquels nous
« reprendrions, nous réprimerions sévèrement de pareilles fautes, et
« c'est de nous qu'ils en reçoivent le scandaleux exemple ! Quoi, dans
« ce sanctuaire où la foi nous montre les anges prosternés et anéantis
« devant la majesté divine, mortels téméraires, ou plutôt insensés,
« nous aurions moins de respect que nous n'en porterions dans les
« palais des rois ? Non, non, nous vous en conjurons, que cet abus
« cesse ; vous n'ignorés pas que la loi a contre lui des rigueurs ; mais
« sans les invoquer encor, c'est de la piété, c'est de la raison, c'est
« de vous même que nous espérons de gagner de le voir totalement
« corrigé...

4º Discours à l'archevêque de Toulouse. 2 p. in-4.

5º Discours à l'archevêque de Paris. 1 p. in-4.

6º Sur la résidence obligatoire des clercs, chapelains, chanoines et
du trésorier lui-même de la Sainte-Chapelle, dans l'enceinte de la cour
du Palais. 3 p. in-4.

7º Mémoire en forme de Remontrances, lu en conférence avec M. l'é-
vêque d'Autun. Au sujet des statuts et règlements qui régissent la
Sainte-Chapelle depuis Charles V. Sept. 1781. 9 p. et demie in-4.

8º Allocution à l'archevêque de Paris, au sujet de son élévation à ce
siége. 1 p. pl. in-18.

9º Minute d'une lettre au ministre Amelot, par laquelle l'abbé Bexon
lui fait part de la délibération par laquelle les chanoines de la Sainte-
Chapelle supplient le roi d'agréer qu'ils portent au trésor royal la
somme de dix mille livres, trop heureux de se montrer des premiers
dans un moment signalé par le dévouement patriotique... 3 p. pl. in-8.
— Copie de la lettre de M. Amelot en réponse à celle-ci, par laquelle
il annonce que Sa Majesté n'a pas pensé qu'elle pût accepter cette
offre. Versailles, 3 juin 1782.

736. **SALICETI** (Christophe), constituant, conventionnel, mi-
nistre de la police générale, à Naples. N. 1757. M. 1809.
L. aut. sig., à son ami Arrighi. Gênes, 25 pluvôse an II. 2 p. in-4.
Tête imprimée, jolie vignette.

737. **SAND** (Georges), Mme Dudevant.
1º L. aut. sig., à M. Daure. Mercredi. Demi-p. in-4.
2º L. aut. sig., au même. 1 p. in-8.

738. **SAND** (Mme Georges), Mme Dudevant.
Deux lett. aut. sig. Demi-p. et 1 p. in-8.

739. **SANTERRE,** brasseur du faubourg Saint-Antoine, gé-
néral commandant de la garde nationale parisienne.
Ordre du jour sig., comme commandant général. Paris, 14 sept. 1792.
1 p. in-4. Cachet. Tête imprimée.
Il remercie en son nom et au nom de tous les bons citoyens de la capitale,
M. Conti (le prince de Bourbon Conti) du zèle et des sacrifices qu'il fait jour-
nellement pour la chose publique.
SECTION DE LA FONTAINE DE GRENELLE. Comité du 21 juin 1791. 1 p.
in-fol. sig. par quatre membres du bureau.
Le comité assemblé sur la déclaration faite à l'instant par M. Conti (le prince
de Bourbon Conti) qu'il n'a nulle intention de sortir du royaume, pas même de
quitter Paris tant que les circonstances l'exigeront, etc.

740. **SARDAIGNE** (Rois de).
ALBERT DE SAVOIE. L. aut. sig. Florence, 21 avril 1824. Demi-p. in-8.
CHARLES-EMANUEL 1er. L. sig. 1591. Demi-p. in-fol.
CHARLES-EMANUEL III. L. sig. Turin, 13 janvier 1742. 1 p. in-fol.

741. **SAVANTS.** 14 lett. aut. sig.
DUMORTIER. — DUPERREY. Deux lett. — DUPRÉ DE SAINT-MAUR,

père. 1767. — DUPRÉ DE SAINT-MAUR, fils. Deux lett. 1811-12. — EDWARDS (Milne). — FRANCK (Ad.). — JOUFFROY (Th.). — GIRAUD (Ch.). — HASSENFRATZ. Deux lett. — JOMARD. Deux lett.

742. SAVANTS. 12 lett. aut. sig.
JULLIEN. — KASTNER. — KLAPROTH. — LAJARD (Félix). Deux lett. LANJUINAIS. — LETRONNE. — MARCEL DE SERRES. Deux lett. — MATTEUCCI. — MEUNIER. — MIRBEL (B.).

743. SAVANTS. 10 lett. aut. sig.
MOLARD. — MOREL DE VINDÉ. — PETIT. — RADEL. — POISSON. Aut. sig. *P.* — POUILLET. Deux lett. — PRONY (le baron de). — PUISSANT. — RAOUL-ROCHETTE. — REINAUD.

744. SAVANTS. 9 lett. aut. sig.
RÉMUSAT (Ch.). — ROOSMALEN. — RENDU. — SÉNONNES (le vicomte de). — SILVESTRE DE SACY. — TOCHON D'ANNECY. — TRÉMISOT. — VALENCIENNES. — VASSALLI EANDI.

745. SAVANTS, *orientalistes,* mathématiciens, etc.
BIANCHI, ancien secrétaire interprète du Roi. 1843. 1 p. in-4. — BEAUREGARD (C. de), rédacteur de la Gazette de France. 1 p. in-8. — BLEIN (le général). 1844 1 p. in-4. — CAUCHY (le baron Augustin). 1846. 2 p. in-8. — FAUCHER (Léon). 1849. Demi-p. in-8. — GEOFFROY-SAINT-HILAIRE. 1825. 3 p. in-8. — DE GÉRANDO. 1836. 1 p. in-8. — GOLBÉRY (P. de). 1 p. in-4. — MARJOLIN. 1847. 1 p. in-8. — PASTORET (A de). 1 p. in-8. — PECLET. 1 p. in-8. — QUATREMÈRE DE QUINCY. 1819. 1 p. in-4. *Portr. gravé.* — ROGNETTA, médecin. Paris, 1844. 4 gr. p. pl. in-4. Questions et réponses sur le climat de la Guyane française. — THÉNARD. 1854. 3 p. in-8. Plus, 1 lett. sig., ainsi que de sa femme, etc. 1846. 1 p. in-4. — Ensemble, 14 lett. aut. sig., une lett. sig. et un portrait. Très-beau lot.

746. SAVOIE (François-Thomas de), dit le *Prince Thomas,* prince de Carignan. N. 1596. M. 1656.
Trois pièces notariées signées, sig. aussi par sa femme, Marie de Bourbon. 1652. 7 p. in-fol.
BOURBON (Marie de), fille de Charles de Bourbon, comte de Soissons. 8 pièces notariées signées par elle..... 1651.
BADE (Louise de Savoie, princesse de), fille des précédents. — SAVOIE (de), Mlle de Soissons, et Mlle de SAVOIE CARIGNAN. Leur signature sur un acte notarié. 1675. In-fol.

747. SCULPTEURS. 10 lett. et pièces sig. et aut. sig.
ADAM. — BOSIO. — CORDIER. — DANTZELL. — DAVID. — DAVID D'ANGERS. — ETEX (Antoine). — MAROCHETTI. — THOMAS (Emile). — NIEUWERKERKE.

748. SÉGUR (Louis-Philippe, comte de), historien, membre de l'Académie française. N. 1753. M. 1832.
L. aut. sig., au citoyen.... Paris, 25 prairial an III. 1 p. pl. in-4.
SÉGUR (le général Paul-Philippe de), fils du précédent, auteur de *l'Histoire de la grande armée en* 1812. L. aut. sig. 1837. 1 p. in-8.

749. SENECHAULT-RIVIERE (François), condamné à mort avec le général Berton, gracié.
L. aut. sig., au préfet de Saône-et-Loire. Cluny, 12 février 1840. 3 p. in-4. Exposé touchant de sa profonde misère.

750. SIDNEY SMITH (l'amiral, sir).
1° L. a. s., au chevalier Jomard. Paris, 24 déc. 1823. 4 gr. p. pl. in-4. Lettre d'un très-grand intérêt dans laquelle il rappelle sa captivité en France pendant la révolution, les égards dont il n'a cessé d'être entouré pendant ces temps d'orage, la conduite qu'il a tenue avec les Français ses prisonniers pendant la guerre, et ses efforts pour sauver les papiers des membres de l'Institut envoyés en Egygte, après l'évacuation de ce pays.

2° Plan d'une *voiture balancée*, envoyée au général Baudrand. Feuille gravée in-fol.

751. SIDNEY SMITH (l'amiral, sir).

1° L. sig., à M. Poltran, chef de la 3e division du bureau de la marine, un des commissaires pour l'échange des prisonniers de guerre. A la Tour du Temple, le 13 oct. 1797. 1 p. in-4.

Il est toujours détenu avec plus de rigueur que les condamnés, quoique prisonnier de guerre.

2° L. sig., au même. A la Tour du Temple, le 14 oct. 1797.

Sur le même sujet.

752. SLODTZ (Michel-Ange), sculpteur du roi.

L. aut. sig., à Mgr..... Carrare, 12 avril 1741. 2 gr. p. pl. in-fol. Superbe lettre.

Il lui rend compte de ses recherches pour trouver les marbres qui sont nécessaires pour les chevaux commandés..... Il retournera à Rome pour reprendre le fil de ses travaux qui consistent principalement en la figure de Saint-Bruno pour l'église Saint-Pierre.....

753. SOMERVILLE (Mme Mary), astronome.

L. aut. sig. (en anglais), au prince Kozloffski, à Varsovie. Royal Hospital Chelsea, 5 mai 1837. 5 gr. p. pl. in-4. Scientifique.

754. SONTHONAX (Léger-Félicité), *représentant du peuple, et commissaire délégué par le Gouvernement français aux Iles-sous-le-Vent.*

L. sig., au général Gassonville. Au Cap, le 4 pluviôse an V. 1 p. in-4. Tête imprimée. Ordre militaire.

2° L. aut. sig., au même. Au Cap, 23 ventôse an V. 1 p. in-4. Rare, entièrement autographe.

755. SOULT (la maréchale), duchesse de *Dalmatie.*

L. a. s., à M. le comte .... Paris, 31 août 1815. 4 gr. p. pl. in-4.

Détails intéressants au sujet de l'occupation de son château de Marnes, près Villeneuve, par les soldats prussiens qui l'ont mis au pillage.

756. SOURIGUIERE SAINT-MARC, auteur du *Réveil du Peuple,* auteur dramatique.

1° Billet aut. sig. Paris, 3 avril 1817. Demi-page in-8.

2° L. aut. sig., à M. Delcros. Paris, 12 janvier 1837. 1 p. pl. in-8.

757. SOUVERAINETE DU PEUPLE (fête de la).

Relation officielle de la célébration de la fête de la souveraineté du peuple, le 30 ventôse an VI, dans la commune de Longjumeau. Longs détails sur la formation du cortége composé de vieillards, de jeunes gens et de jeunes filles se rendant à l'autel de la Patrie, chantant des hymnes patriotiques, etc., etc. 3 gr. p. pl. et demie in-fol., signées par l'adjoint de la commune, et le président du directoire de l'arrondissement.

758. SOUVERAINS ETRANGERS. 4 lett. sig.

CHARLES-ALBERT, roi de Sardaigne. Turin, 26 février 1838 (en italien). Demi-page in-4. — FRÉDÉRIC-AUGUSTE, roi de Saxe. Dresde, 6 mars 1839 (en italien). Demi-p. in-4. — MARIE-THÉRÈSE, reine de Sardaigne. Turin, 26 février 1838 (en italien). Demi-p. in-4. — MONACO (Louis, prince de). Monaco, 11 déc. 1834. Demi-p. in-4.

759. STAEL-HOLSTEIN (Mme la baronne de).

1° Billet aut., à M. De Bussin. Coppet, mercredi ... 1 p. in-18.

2° L. a., à M. Foucaut Pavant. Coppet, 23 juin 1807. 1 p. in-4. Cachet.

BROGLIE (Mme la duchesse de), fille de la précédente.

L. aut. sig., à M. le comte de Krosnowski. 1 p. in-8.

760. STAEL-HOLSTEIN (Mme la baronne de).

L. aut. sig., à M. ... Stockolm, 29 déc. 1812. 1 p. in-8.

Broglie (Mme la duchesse de), née Staël Holstein, fille de la précédente. L. aut. sig., à Mme Eugénie Niboyet. 2 p. in-8. Cachet enlevé.

Mme Fry avait témoigné le désir qu'un comité de femmes moitié catholique et protestant s'organisât pour les prisons. Mais il s'est présenté des obstacles qui en ont suspendu la formation actuellement.

761. STATUAIRES, *sculpteurs*. 11 lett. aut. sig.

Clésinger. — Dantan, jeune. — Elshœct (Jean-Carle). — Etex. — Flatters. — Malknecht. — Marin. Deux lett. — Marochetti. — Petitot. — Norblin. Varsovie, 1802. 1 p. pl. in-4.

762. STATUAIRES, *sculpteurs*, 11 lett. aut. sig.

Bosio. — Desbœufs. — Elshœct (Jean-Carle). — Lemaire. Deux lett. — Lemoyne. — Nieuwerkerke. — Norblin. — Préault (Aug.). Ramey (E.-A). — Skelton (Joseph). L. aut. sig. (en anglais).

763. STRASBOURG (affaire de), en 1836.

Desgarniers. L. aut. sig., à M. Étienne Arago. Citadelle de Doulens, 8 juin 1836. 1 p. et demie in-4.

Lagrange. L. aut. sig., au même. Même lieu, le 28 mai. 1 p. in-8.

Montauban (le colonel de). L. a. s. Même lieu, 14 déc. 1842. 1 p. in-8.

Laity. 1° L. aut. sig., à M. le baron Pasquier. 1er juillet 1838. 1 p. in-8. Au bas se trouvent quatre lignes aut. sig. de M. Pasquier. — 2° Reçu aut. sig. de pièces de procédure. 27 juin 1838. in-8.

Parquin (Charles). L. a. s., à sa femme. Paris, 28 avril 1834. 1 p. in-8.

Procès d'avril 1836. — Kersausie (le capitaine). L. aut. sig., à l'aide-de-camp de service près du roi. Paris, 16 février 1831. 1 p. in-4. Portr. — Trélat. Deux lett. aut. sig., dont une au crayon. 1835 et 1836. in-8 et in-4. — Portr. de Delente, Imbert et Lagrange (Charles). — Billet d'enterrement (manuscrit), de très-haute, très-grande, très-illustre et très-puissante citoyenne République française... 3 p. in-8.

764. SUBSIDES DE LA FRANCE A L'AUTRICHE.

Lettre signée (confidentielle) de M. le comte de Kaunitz Rittbers, à madame Nettine. Vienne, 22 juin 1757. 4 gr. p. pl. in-4.

Son zèle pour les intérêts de l'Empereur, et les services distingués qu'elle lui a déjà rendus, lui donnent des droits à sa confiance. Il va la mettre au fait d'une affaire qui intéresse essentiellement l'Etat, qui exige par conséquent le plus grand secret, et qui lui fournira maintes occasions de lui faire de nouveaux mérites vis à vis de la Cour. Il exige donc d'elle, avant toutes choses, le plus profond secret, même vis-à-vis de S. E. M. le comte de Cobenzel... « Voici ce « que c'est : la France nous payera des subsides qui iront à dix ou douze mil- « lions de florins d'Allemagne par an... » Suivent de longs détails sur la manière secrète de recevoir et de faire parvenir ces subsides.

765. SUE (Eugène), célèbre romancier. **M. 1857.**

1° L. aut. sig., à M. Allier. 1847. 1 p. in-12. Cachet enlevé.

2° L. aut. sig., à M... Paris, 15 novembre 1844. 1 p. pl. in-8.

Mille remerciements de l'excellent article de M. Ben Lévy... « Il était de « mon devoir, monsieur, dans ma modeste sphère, de protester contre l'épou- « vantable servage où sont plongés les Israélites de Pologne et de Russie, et « rendre en outre hommage à l'admirable esprit de solidarité qui m'a toujours « paru un des traits distinctifs du caractère religieux de vos co-religion- « naires, etc. »

766. SUE (Eugène). *Le même.*

1° L. aut. sig., à M... Sans date. 1 p. pl. in-12.

2° L. aut. sig, à M. Moutié. 27 août 1850. 1 p. in-8.

Pyat (Félix). L. aut. sig. Paris, 10 déc. 1839. 1 p. in-4 et billet aut.

Janin (Jules), littérateur. Deux lett. aut. sig. 2 p. in-4.

767. SULLY (le duc de), ministre de Henri IV.

Trois lignes aut. derrière une lettre de M. Estrelles à lui adressée de Paris, le 15 mai 1616. 2 p. in-fol.

Au sujet des dettes du douaire de Mme de Rosny.

768. SURIAN (Jean-Baptiste), évêque de Vence.

L. a. s.; à M. de Saint-Julien. Vence, 16 nov. 1746. 3 p. in-4. Cachet.

769. TABLEAU MORAL ET POLITIQUE DE LA FRANCE.
Curieux manuscrit aut. sig. (pour le marquis de Fortia d'Urban) par M. Constantin, professeur d'éloquence et avocat. Paris, 26 mars 1837. 37 gr. p. pl. in-fol.

770. TALBOT (A.-F.), inventeur de la photographie sur papier en Angleterre.
L. aut. sig., à M. l'abbé Moigno. Lacreck abbey, Cheppenham, 31 mars 1852. 3 p. in-8.
Au sujet de la vente à Londres d'épreuves stéréoscopiques... Il lui envoie un petit échantillon qu'il le prie d'accepter, c'est une tête de vieillard d'après nature faite en 3 secondes.

771. TALLEYRAND (Charles-Maurice), prince de Bénévent.
L. sig., à... 23 frimaire, 3 heures. 1 p. pl. in-8.
Au sujet de la nouvelle venant de Constantinople, de la prise d'Alexandrie par 12,000 hommes, or Alexandrie ne se prend pas en 24 heures quand il y a une garnison de 4000 hommes commandés par Kléber...

772. TALMA (François-Joseph), tragédien célèbre.
Précis sur l'affaire de M. Talma. Pièce intéressante, au sujet de sa demande de retraite. Aut. de Lemazurier. 2 gr. p. pl. in-fol.

773. TALMA (Mme Louise-Julie *Carreau*, première femme de), amie de l'impératrice Joséphine.
L. aut. sig., au citoyen... membre du Directoire. 27 prairial an VII. 1 p. pl. et demie in-8. Très-intéressante.

774. TCHITCHAGOFF, amiral, général en chef de l'armée russe à la Bérésina, 1er ministre de la guerre sous Alexandre Ier. Ce fut lui qui arrêta l'armée française dans la campagne de Russie.
L. aut. sig., à MM. Busoni. Paris, 15 déc. 1818. 1 p. in-4.

775. THACKERAY (Will. Makepeace), romancier anglais, auteur de la *Foire aux Vanités*, etc.
Imitation aut. sig. (en anglais) de l'Ode d'Horace. *Persicos odi*, etc. Portr. à la plume (1845). In-8.

776. THEATRE-FRANÇAIS (acteurs du). 5 lett. aut. sig.
MONROSE (Louis). — FONTA. 1844. 2 gr. p. in-4. — RÉGNIER DE LA BRIÈRE. — PAMEL, artiste dramatique et lyrique. 2 lett. 1839 et 1840.

777. THEROIGNE DE MERICOURT (Anne-Josèphe), femme célèbre dans la révolution française. N. 1763. M. 1817.
L. aut. sig., à M. Perregaux. Gênes, 22 mars 1789. 1 gr. p. pl. et demie in-4. Curieuse.

778. THIERS, historien, homme d'Etat.
1° L. aut. sig., à M. Feuchère. 20 décembre. 1 p. in-8.
2° Notes aut. pour les budgets de 1831 et 1832. 1 gr. p. in-fol.

779. TISSOT, membre de l'Académie française.
Napoléon. Pièce de vers aut. sig. 2 gr. p. pl. et demie gr. in-fol.

L'univers a perdu le moderne Alexandre;
Les vassaux couronnés, les potentats vaincus
Que sa noble clémence a traités en Porus,
Ont-ils payé du moins leur tribut à sa cendre?
Ont-ils porté le deuil du héros qui n'est plus?
. . . .

780. TOULLIER, célèbre jurisconsulte.
L. aut. sig., à son confrère... Rennes, 22 février 1827. 1 p in-4.

781. TOULOUSE (Louis-Alexandre de Bourbon, comte de), fils légitimé de Louis XIV et de Mme de Montespan.
Commission ou passeport sig. en faveur du Sr Duportail Collet, com-

mandant le navire *le Joseph* du port de quatre cents tonneaux, etc., signé aussi par le roi, le ministre Phélypeaux, et contrésigné par Valaincourt. Fontainebleau, 17 oct. 1714. 3 p. in-fol. Deux cachets. — Plus, 4 gr. p. in-fol. d'instructions pour la conduite du voyage.
    VENDÔME (Philippe de). Pièce sig. (sur parch.). 1691. Cachet.
    VENDÔME (Louis-Joseph de). Pièce sig. 1688. 1 p. in-4.

782. TOURNEMINE (le père), savant jésuite.   M. 1739.
    L. aut. sig. 30 août. 2 p. in-4.

783. TOUSSAINT LOUVERTURE, général en chef et gouverneur de Saint-Domingue.
    Trois lett. sig., et une apostille sig., au général Gassonville. Au Port Républicain, etc. An VI. 5 p. in-4 et in-fol.

784. TRONCHET, avocat, défenseur de Louis XVI.
    L. aut. sig., au citoyen Le Brun, consul. Paris, 20 ventôse an VIII. 1 p. pl. in 4.

785. TURENNE (le vicomte de), maréchal de France.
    L. aut. sig., à M. de Bissi, au camp, près Benfelt, 25 mai. 1/3 de page in-4. Affaires militaires.

786. TURGOT, contrôleur général des finances, économiste.
    L. aut. sig., à M. de Boynes. Paris, 11 déc. 1771. 4 p. pl. in-4.
    Au sujet de fusils pour Saint-Domingue, fabriqués dans la province du Limousin par M. de Saint-Victour...

787. TYPOO SAIB (le sultan).
    1° *Traduction de la dépêche persanne de Typou sultan, au Roy.* (Traduit sur l'original Persan, par Ruffin, secrétaire interprète du roi en langue Orientale, à la suite de la Cour, à Paris, le 30 janvier 1791. Aut. sig.) 5 gr. p. in-fol.
    2° *Traduction de la dépêche persanne de Typou sultan, à M. le comte de la Luzerne.* Traduction aut. sig. du même, à Paris, le 31 janvier 1791. 2 gr. p. pl. et demie in-fol.
    3° *Traduction de la réponse persanne des ambassadeurs de monseigneur* (le ministre). Traduction aut. sig. du même. Paris, 28 juillet 1788. 1 p. in-fol.
    4° *Traduction d'une lettre Persanne adressée à Mouhammed Derwick Khan Ier, ambassadeur de Typou sultan, par le Divan ou l'interprète du Roi à Pondichéry.* Traduction aut. sig. du même, Versailles, 24 sept. 1789. 2 p. in-fol. — L'original persan de cette traduction y est joint. 1 gr. p. pl. in-fol.
    Ces pièces, très-intéressantes, et toutes d'actualité pour les événements qui se produisent dans l'Inde, ont toutes des mouillures.

788. VAISSEAU DU ROI, le *Soleil Royal.*
    Devis des ouvrages de sculpture du vaisseau du Roi, le *Soleil Royal,* par Caffieri. Brest, 8 mai 1749. Aut. sig. 3 gr. p. pl. et demie in-fol.

789. VANLOO (Carle), célèbre peintre.
    Pièce sig. Paris, 18 avril 1753. 1 p. in-fol.
    Gouverneur de l'Ecole royale des élèves protégés, il déclare être content de la conduite des six élèves sans exception d'aucun... Il prie M. Lépicié de leur délivrer leur quartier de gratification. A la suite se trouve la quittance signée des six élèves.

790. VARIETES (Théâtre des).
    Acte de société, historique de la création et de l'organisation de ce théâtre. Cinq fondateurs : 1° CRÉTU (Anthelme). — 2° BRUNET (Jean-Joseph *Mira*, dit), acteur. — 3° MONTANSIER (Mme Marguerite *Brunet,* dite Mlle). — 4° AMIEL, fils. — NERLY (Antoine César). Paris, 10 décembre 1810. 12 p. in-fol.

791. VENDEE (guerres de la).
    Rapport sig. de Minier et Damesmes « commissaires nationaux « dans les départements troublés par les brigands, aux citoyens com-

« posant le conseil général de la commune de Paris. Saumur, le 5
« août 1793. L'an Ier de la mort du Tyran, 2me de la République une et
« indivisible.» 4 gr. p. pl. et demie in-fol.

Détails très-circonstanciés du combat qui a eu lieu aux environs et jusque
dans la ville de Doué, et où les royalistes ont eu plus de trois cents des leurs
tués .. « Près de Doué et dans un taillis, il y a eu deux prêtres rebelles tués .
« ils y disoient la messe. Les hussards sont revenus avec leurs calottes et
« quelques ornements. Ils leur ont pris une boête remplie de grandes hosties,
« dans laquelle il y en avoit plus de 300 qu'ils ont distribués et jetés sur la
« route. L'armée des rebelles était de 12,000 hommes, etc., etc. »

792. VENDEE (guerres de la).

L. sig. de Minier et Lachevardière, commissaires nationaux envoyés
dans les départements troublés par les rebelles, aux citoyens composant le conseil général de la commune de Paris. Saumur, 10 juin 1793.

« ...L'ennemi au nombre de plus de 12,000 hommes, s'est porté sur le camp
« de Doué distant de Saumur de trois lieues ; nos avants-postes après quelques
« résistances se replièrent sur Doué, mais alors quelques scélérats crièrent en
« s'enfuyant *sauve qui peut*; la terreur s'empara bientôt d'une partie de nos
« soldats, et il ne fut possible de les retenir. Le général Menou instruit de
« l'attaque se porta aussitôt à Doué, mais il n'y arriva que pour être témoin de
« notre déroute... Le général Menou se conduit jusqu'à présent en républicain,
« et se bat en soldat. Les troupes ont confiance en lui, et nous présumons qu'il
« réparera ce dernier échec... »

793. VENDEE (guerres de la).

L. sig. de Minier et Lachevardière, commissaires nationaux envoyés dans les départements troublés par les rebelles, aux citoyens
composant le conseil général de la commune de Paris. Saumur, le
30 mai 1793. 3 gr. p. pl. in-fol.

Prise de Fontenay par les rebelles, et prise de Thouars par les républicains.
Détails sur divers combats. Réquisition des représentants du peuple. Le général Biron est mandé pour arrêter un plan de campagne, où l'on fera usage des
instructions que Ronsin s'est procurées. « Sous peu de temps on va porter de
« grands coups, tout se dispose pour faire terminer promptement cette malheu-
« reuse guerre. » Formation du club de Saumur. Les discours les plus énergi-
ques y ont été prononcés, nous avons sapé l'idole du fanatisme. « Nous avons
« vu avec grand plaisir que les spectateurs, et surtout les femmes, qui s'y
« trouvaient en assez grand nombre, ont applaudi avec enthousiasme...»

794. VENDEE (guerres de la).

L. aut. sig. du citoyen Félix, membre de la commune de Paris,
attaché à la commission militaire qui suivait l'armée avec la guillotine, aux républicains ses collègues de la commune de Paris. Au quar-
tier-général à Saumur, 2 heures du matin, le 14 septembre 1793. 2
gr. p. in-fol. Tête imprimée.

Depuis deux jours que le tocsin sonne, 150,000 hommes se sont joints à eux,
tant à Angers, Thouars, qu'à Saumur et Doué, lesquels sont très-décidés à
vaincre ou mourir... « Aujourd'hui, les brigands nous ont attaqués à Thouars,
« Airvaut et Doué, mais ils ont été battus complettement, et leur armée très-
« forte a été mise en déroute... Mais nous avons tué huit cent de ces scélérats,
« et les chemins de Doué à Vihier et Brissac, sont couverts de leurs hideux
« cadavres. — Santerre commandait l'avant-garde à Doué ; en nous annonçant
« victoire complette, il nous a assuré que toutes nos troupes s'étaient battues
« avec une intrépidité incroyable... Comme la commission militaire suit l'armée
« avec la guillotine, je compte partir demain pour Doué , et de là à Mortagne,
« avec tous les braves habitans des campagnes , que j'accompagnerai avec un
« plaisir infini... »

795. VENDEE (guerres de la).

L. aut. sig. du citoyen Félix, attaché à la commission militaire qui
suivait l'armée avec la guillotine, au maire de Paris. Tours, 7 juillet
1793. 3 gr. p. in-fol.

Ils viennent d'apprendre dans l'instant que les rebelles avaient été battus aux
Sables, qu'on leur avait tué 4000 hommes, fait 600 prisonniers, et pris 5 pièces
de canon... Tous les généraux et représentants du peuple qui étaient à Tours
sont partis pour Saumur, avant peu il lui apprendra sûrement la défaite totale
de tous les rebelles, et la victoire la plus brillante de l'armée républicaine dans

cette contrée, « car je sais, que nos batteries sont arrangées pour cela, et il ne
« se peut pas, qu'avec notre tribunal ambulant, les traîtres osent jamais se
« montrer. Ils savent qne ce tribunal les suit à la piste, qu'il juge sans appel,
« et que ceux qui sont traduits devant lui et qui sont coupables, sont sur le
« champ fusillé ou guillotiné... Je ne vois qu'un seul inconvénient dans la for-
« mation de ce tribunal... C'est le renouvellement des membres tous les quinze
« jours. Je crains qu'on ne trouve pas facilement cinq membres pour ce renou-
« vellement. Car icy, nous avons eu toutes les peines du monde à le former;
« cependant il est d'une très-grande utilité, et je me persuade que par son ap-
« pareil imposant, il remportera la moitié de la victoire. Car quoiqu'en dise
« messieurs les aristocrates, ils ne bravent pas impunément la guillotine ou la
« fusillade, et ils sont fort sots, quand ils sont à l'un ou à l'autre de ces postes,
« malgré leur prétendue bravoure, qui n'est, suivant moy, qu'une lâcheté par-
« faite... »

796. VENDEE (guerres de la).

L. aut. sig. du citoyen Félix, membre de la commune de Paris, attaché à la commission militaire qui suivait l'armée avec la guillotine,
aux républicains, ses collègues du conseil général de la commune de
Paris. 13 frimaire.... 4 gr. p. pl. in-fol. Tête imprimée et vignette.

Rapport très-circonstancié des opérations militaires à Mayenne, Laval, Châ-
teau-Gonthier, etc. On pense que les rebelles attaqueront Angers sur deux
colonnes... « Les 7, 8 et 9 que nous sommes restés à Angers, pour ne pas
« laisser rouiller le razoir national, trois cents conspirateurs ont expié leurs
« forfaits en cette ville, pour ainsi dire à la barbe des scélérats de la Vendée,
« *leurs bons amis*, les représentants Francastel et Lavallée, ont chargé notre
« commission militaire, de la translation et de l'exécution d'environ 1200 pri-
« sonniers, tant hommes que femmes, qui étaient dans les prisons d'Angers en
« cas d'attaque de la part de ces fanatiques assassins, pour les faire filer aux
« ponts de Cé, et à Montreuil-Bellay. Nous nous sommes rendus aux ponts
« de Cé avec toute cette mauvaise marchandise. Nous sommes arrivés le 9, et
« le 10, 9 conspirateurs, dont quelques prêtres, ont subi la peine due à leur
« crime, et cela en 2 heures de temps, et le même jour nous avons mis en
« liberté, sous la surveillance des autorités constituées d'Angers, 18 jeunes
« filles et 30 garçons de l'âge de 9 à 17 ans, dont les crimes, à eux imputés, ne
« nous ont paru provenir que de l'influence qu'avait eu leurs pères et mères,
« sur leur enfance, facile à émouvoir et à corrompre. Le 13, 9 heures du matin,
« on battit la générale icy, et ce, dans le moment où nous prenions nos dimen-
« tions, pour faire fusiller 129 brigands, et faire filer les gens suspects à Mon-
« treuil, du nombre desquels se trouve une très-grande quantité de cy-devant
« marquises et comtesses, dont la plupart, sont en belles plisses, et marchent
« à pied, quoy qu'il y ait 20 charrettes de cette marchandise gangrenée. Les
« 129 brigands ont été fusillés hier à une heure après midy sur la route des
« ponts de Cé à Doué. Au moment de notre départ, on annonçait l'ennemi à
« cinq quarts de lieues des ponts de Cé... »
« Notre sainte guillotine commence à s'accréditer, car tous les cantons envi-
« ronnants ceux dans lesquels elle a fait jouer ses ressorts la réclament. Elle
« ne tardera pas à les républicaniser. Demain nous commençons icy, par exa-
« miner toutes les têtes gangrenées, que nous ferons sauter, pour conserver
« les corps, que nous ne craindrons plus, après cette amputation... » Il dit en
« terminant : « Salut, fraternité, joye, santé, rapidité dans nos mesures révo-
« lutionnaires, et ça ira. »

797. VENTADOUR (la duchesse de), gouvernante de Louis XV.

L. aut. sig., à M. de Marville. 15 janvier 1740. 3 gr. p. in-4. Curieuse.

798. VERNET (Horace), peintre d'histoire.

L. aut. sig., à M. Blondel, peintre d'histoire. Rome, 14 juin 1833.
Cachet. Intéressante.

799. VICTORIA (S. M.), reine d'Angleterre.

Sa signature découpée. — Et une enveloppe de lettre aut., avec cachet.
WELLINGTON (le duc de).
L. aut. sig. *W.* (en anglais), 1840. 1 p. in-8. Cachet.

800. VIGNY (le comte Alfred de), poëte et romancier, membre de l'Académie française.

Paris. Fragment d'un poëme aut. sig. 2 p. in-4. *Portrait* gravé in-8.

801. VILLARS (le duc de), commandant des dragons dans les Cévennes.

L. aut. sig., a M. d'Argenson. 26 novembre 1719. 2 p. pl. in-4. Cachet. Il y a en tête une noté signée de M. d'Argenson.

CHAULNES (le duc de). L. a. s., au duc de Bouillon. 1670 1 p. pl. in-4.

LA TRÉMOILLE (Henri de).

L. aut. sig., à M... Thouars, 12 janvier (1645). 1 p. in-4.

802. VILLARS (Mme la maréchale, duchesse de).

L. aut. sig., a M... Ce 24 février 1757. 3 p. in-4.

Au sujet de la petite avenue d'*Halis* qui est dans un état déplorable, et qu'elle le prie de faire réparer...

803. VILLELE (le comte de), ministre des finances.

1° L. aut. sig., à S. A. Royale. Paris, 8 oct. 2 p. in-4.

2° L. aut. sig., au comte de Montbel, ministère des finances. Monvilliers, 7 juillet 1830. 1 p. pl. et demie in-4.

804. VIOLONISTES ET VIOLONCELLISTES.

BAUDIOT. — BOHRER (A.). — FRANCHOMME. — LEBOUC. — MASSART. — NORBLIN. — RIGNAULT. — ROGUET. — BROD, Hautbois. — DAUPRAT, corniste. — Ensemble, dix lett. aut. sig.

805. VISCONTI (Ennius-Quirinus), antiquaire, etc.

Pièce aut. sig., sur la superbe cornaline orientale de couleur pourpre foncée, montée en bague, que Madame Vardon possède, etc. Paris, 30 messidor an IX. 1 p. pl. in-4.

806. VOILLOT DE VALLEROY.

1° L. aut. sig., à son frère, conseiller de Monseigneur le Prince, a Rome. Nancy, 16 octobre 1626. 1 gr. p. in-fol. Cachet.

2° L. aut. sig., à son cousin M. Voillot, conseiller et secrétaire d'Etat pour Son Altesse, a Nancy. Colombes, 23 octobre 1610. 2 gr. p. pl. in-fol. Cachet.

807. VOISENON (l'abbé Ch.-H. *De Fusée de*), littérateur.

L. aut. sig., a M... Paris, 21 juillet 1766. 1 p. pl. in-4.

808. VOLTAIRE.

L. aut., à M. le marquis de Chauvelin, ambassadeur à Turin. Fernay, 6 décembre. 2 gr. p. pl. in-4. (Remontée.)

Tout ce qui le fâche à présent dans ce monde, c'est qu'il y ait deux rôles de femme dans la plupart des pièces. Car où trouver le pendant de Mme de Chauvelin? Il sait quel est son singulier talent. Mais si elle daigne jouer Andromaque, que devient Hermione, et si elle fait Hermione, il faut jeter Andromaque par la fenêtre. Elle est comme l'Arioste : « se sto che va, se vo, chi sta? Vous « me paraissez si honnête homme, Monsieur, que je me confierai a vous, quoique « vous autres ministres, en général, ne valiez pas grand'chose. Un certain « Tancrede fut confié a M. le duc de Choiseul, et ce Tancrède encor tout « en maillot courut Versailles, Paris et l'armée. Vous voulez mon œuvre des « six jours. Je pourrai bien me repentir de mon œuvre comme Dieu, mais je ne « me repentirai pas de l'avoir soumis, ou soumise, a vos lumieres et a vos « bontez. »

809. WAGNER (Richard), célèbre compositeur allemand, auteur de TANNHAUSER. N. 1848.

Morceau musical aut. sig. 25 août 1844. 1 p. in-8 en travers. Portr. (dessin au crayon) in-8. Article imprimé sur le *Tannhauser*.

810. WASHINGTON (Georges), président des Etats-Unis.

Patente (imprimée en trois langues : Française, Anglaise et Allemande) du navire Alice, appartenant a Joseph Goold, de la ville de Providence, signée par Washington et Th. Jefferson, et contres. par Jeremiah Olney... 1 gr. feuille double in-fol., avec sceau. Pièce en très-bon état.

811. WEISSE (Chrétien-Félix), célèbre poëte lyrique et dramatique.   N. 1726. M. 1804.

> L. aut. sig. (en allemand), à M. de Steinecke, à Dresde. Leipsic, 30 juillet 1776. 2 p. pl. in-4. Portr. in-8. Belle lettre littéraire.

812. XIMENES (le marquis Augustin-Louis), poëte. littérateur, auteur dramatique.   N. 1726. M. 1817.

> L. aut., à la citoyenne Ximenès, à Mont-Bard. (Paris) Sextidi, 16 messidor an VII. 3 p. pl. et demie in-4.
>
> Affaires particulières, sa visite au ministre de la police, il assiste pour ses 36 *sous* à la représentation de *Charles-Neuf*, au Théâtre-Français.

BÉZIERS (papiers et volumes manuscrits concernant l'histoire et l'administration de la ville et diocèse de).

813. Assiette et département des impôts du diocèse de Béziers. Année 1650. 1 vol. petit in-fol. (relié en parchemin). Document officiel original.

814. Recueil de pièces administratives du subdélégué de l'Intendant, à Béziers. 1759-1789. 1 vol. in-4. Demi-reliure.

815. Relation du pillage et de l'incendie du monastère de Cassan, diocèse de Béziers, en 15..... — Documents relatifs à M. de Bausset, évêque de Béziers. — Son testament. — Procès-verbal de l'ouverture de son corps, etc.

> Famille Bausset à Aix et à Marseille. Un grand nombre de pièces généalogiques authentiques, testaments, contrats de mariage et de naissance, produits pour entrer dans l'ordre de Malte.
>
> Affaire de l'Inde française au temps de Dupleix. Corresdance du chevalier de Bausset, lieutenant du roi, à Pondichéry.
>
> Famille Cantelme de Roland de Relhanette, au comtat Venaissin et à Béziers. Documents généalogiques, actes de famille, etc.
>
> Réunion intéressante de pièces originales.

HABITATION DE L'EMPEREUR NAPOLÉON

A L'ILE D'ELBE.

Plan original de l'habitation de l'empereur Napoléon, à l'Ile d'Elbe, avec la désignation de la main même de l'Empereur de la destination de chacune des pièces (du rez-de-chaussée, au nombre de douze) qui doivent la composer. 1 p. in-fol. en travers.

Précieuse pièce. . . .   **(Cinq mille francs)** . . . **5000.**

DERNIÈRE COMMUNION DE LOUIS XVI.

Le document historique dont nous transcrivons ci-après intégralement le contenu, est l'original même qui a été adressé au curé de la paroisse de la Tour du Temple, la veille de la mort de Louis XVI, et qui a dû rester en sa possession. Il provient de la succession de M. l'abbé Godard, mort chanoine-honoraire de la métropole de Paris ; il nous suffira, ce nous semble, d'en donner la description matérielle, son contenu n'ayant pas besoin de commentaires !!!

Il se compose de deux grandes pages pleines in-folio, avec l'entête imprimée de la commune de Paris ; l'écriture autographe de l'abbé Edgewort commence aux mots : *Un crucifix*, et se termine à sa signature ; les ✝ placées à la suite des objets demandés, et les mots *Cartons*, *Lavabo*, indiqués ici en italique, sont sans doute de la main du curé de Saint-François d'Assises, pour marquer que ces objets ont été envoyés ; le reste est de la main du commissaire de la commune, *Douce*, et l'un des signataires. — La pièce qui est d'une conservation parfaite est renfermée entre deux vitres avec bordure à filets dorés, fleurs de lis aussi dorées aux quatre coins, et fond noir verni : cette bordure funèbre paraît être d'une époque très-rapprochée de la mort du Roi.

Commune de Paris.

(Ici est le cachet gravé de la Commune de Paris, avec ces inscriptions : 1° dans le 1ᵉʳ cercle : *Commune de Paris*. Dans le centre, entourée d'une couronne de chêne fermée par le bonnet de la Liberté : *Liberté*. 14 *juillet* 1789. *Egalité* 10 *août* 1792.)

Un crucifix. ✝
Un missel. ✝ *Cartons*.
Un calice. ✝
Un corporal et une palle. ✝
Une patène. ✝
Une pierre sacrée. ✝
Un purificatoire. ✝
Un amict. ✝
Une aube. ✝
Un cordon. ✝ *Un lavabo*.
Un manipule. ✝

Une étole. +
Une chasuble. +
Deux nappes d'autel. +
Une grande et une petite hostie.

Je soussigné, ministre du culte catholique, agréé par le conseil de la commune séante au Temple, pour dire la messe demain dans l'appartement de Louis Capet, conformément à son vœu, désire qu'on me fournisse les objets détaillés dans la liste ci-dessus. Ce 20 janvier mil sept cent quatre-vingt-treize.

EDGEWORTH.

Nous soussignés, commissaires de la Commune, de garde à la tour du Temple, délibérant sur la demande cy-dessu énoncé, prions le citoyen curé de la paroisse de St-François-d'Assise, de vouloir bien prêter les objets détalliés dans la demande cy-contre, et sur le désir de Louis Capet, pour luy faire entendre une messe qui doit être célébrée dans sa chambre à la tour du Temple demain matin à six heures précises, et denvoyer ses objets au conseil du Temple par une personne qu'il choisira à cet effet, lesquels objets luy seront rendu dans la matinée du même jour.

Nous prions de plus le citoyen curé de vouloir bien nous envoyer ses objets ce soir, s'il est possible, ou de nous faire assurer par le présent porteur, qu'il voudra bien nous les envoyer demain à cinq heures du matin.

Fait au conseil du Temple, ce dimanche au soir, vingt janvier mil sept cent quatre-vingt-treize, l'an deuxième de la république française :

Douce, Baudrais, Paffe, Destournelles, Teurtot, Jori, Boiron, Mercereau et *Gillet-Marie.*

Ici a été apposé le cachet à la cire rouge (un peu brisé) du conseil de surveillance du Temple, avec cet exergue, entre le filet et une couronne de chêne : *Commune de Paris. L'an Ier de la République française*. Et au milieu, traversé par une pique surmontée du bonnet de la Liberté : *Surveillance du Temple.*

On lit dans l'almanach national de 1793, l'an II de la république, page 185, au sujet de la délimitation constitutionnelle des trente-trois paroisses de Paris, la note suivante, qui établit que la Tour du Temple était située dans la circonscription de *St-François-d'Assises*, aujourd'hui *St-Jean-St-François :*

Curés de Paris.

SAINT-FRANÇOIS-D'ASISSES.

Le C. Sébastien-André Sibire.

Arrondissement de cette paroisse.

Rue du Temple, le boulevart à droite, jusqu'à la rue Neuve-Saint-Gilles; ladite et celle du ci-devant Parc-Royal à droite, jusqu'à celle Payenne; ladite à droite, jusqu'à celle des Bourgeois; ladite, celle de Paradis, du Chaume, des Vielles-Audriettes et du Temple à droite, jusqu'au Boulevart.

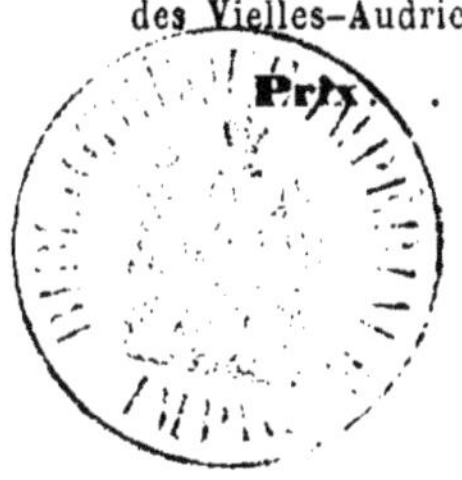

Prix . . . **(trois mille francs)**. . . **3000 fr.**

CORRESPONDANCE

ENTRE

BOILEAU DESPRÉAUX

ET

BROSSETTE,

Avocat au Parlement de Lyon.

PUBLIÉE SUR LES MANUSCRITS ORIGINAUX

PAR AUGUSTE LAVERDET,

INTRODUCTION PAR M. JULES JANIN.

Première édition complète, en partie inédite.

Un volume in-8 de XXXII — 608 pages, avec six fac-simile, et la généalogie de a
famille de Boileau Despréaux.

SOMMAIRE DU CONTENU DE CE VOLUME :

(COMPLÉMENT DES ŒUVRES DE BOILEAU DESPRÉAUX.)

PREMIÈRE PARTIE (Premier volume du manuscrit). — Correspondance entre
Boileau Despréaux et Brossette (contenant soixante-quinze lettres autographes signées de Boileau Despréaux). — Arrêt de noblesse de la famille
de Boileau Despréaux. — Sentence des requêtes du Palais sur le procès
du Lutrin.— Lettres et pièces de divers.— Testament de Boileau Despréaux.

DEUXIÈME PARTIE, ou *Supplément* (deuxième volume du manuscrit) compre-
nant les papiers de Boileau Despréaux laissés à sa mort, et donnés à Brossette par l'abbé Boileau, son frère. — Les Héros du Roman, dialogue.
— Deux Épitaphes de Racine. — Réponse à un mémoire de Claude Per-
rault. — Lettres : au comte de Vivonne ; à Maucroix ; à Racine (dix lettres);
à Madame Manchon, sa sœur ; à Madame la marquise de Villette ; à M. de
La Chapelle, son neveu (dix lettres); à M. le comte de Maurepas ; à
M. de Pontchartrain ; à M. l'abbé Bignon ; à M. le comte de Revel sur le
combat de Crémone ; à M. Le Verrier ; à Destouches ; au père Thoulier
(trois lettres), etc., etc...; Maucroix à Despréaux (cinq lettres) ; Racine
à Despréaux ; le père Bouhours à Despréaux, etc., etc. — Pièces de vers :
Épigrammes ; Chanson à boire ; Énigme ; Parodie burlesque ; Réponses aux
jésuites de Trévoux ; Quatrains ; etc., etc. Fragment d'un prologue d'o-
péra....; Préface pour la Satire XII ; Notes pour l'intelligence des
œuvres diverses de Despréaux, sur la préface de l'édition in-4 de 1701.

TROISIÈME PARTIE, ou *Appendice.* — Mémoires de Brossette, sur Boileau
Despréaux, d'après les fragments originaux conservés à la Bibliothèque
Impériale. — Lettres de M. A. Péricaud, et dissertation, au sujet de
Brossette. — Table analytique des noms, des lieux, etc., cités dans la
correspondance entre Boileau Despréaux et Brossette.

<pre>
    Prix, papier carré vélin. . . . .   10 fr.
    — papier grand raisin vélin. . . . .   15 fr.
    — papier grand raisin vergé. . . . .   15 fr.
    Il a été tiré vingt-cinq exemplaires sur papier grand
raisin fort, vergé, numérotés, avec titre imprimé noir et rouge,
et collés après l'impression. . . . .   30 fr.
</pre>

L'épitaphe de Racine par Boileau Despréaux, conservée dans l'Église Saint-Etienne-
du-Mont, et reproduite dans ce volume, a été tirée à part, pour les trois papiers
grand raisin, seulement.

PARIS. — TYPOGRAPHIE DE GAITTET ET Cie

7, rue Git–le–Cœur